भव्य-भारत

(काव्य-संग्रह)

भरत

अंजुमन प्रकाशन

Title : Bhavy Bharat
Author : Bharat

Published By-
Anjuman Prakashan
942, Mutthiganj, Prayagraj, 211003
www.anjumanpublication.com
anjumanprakashan@gmail.com

Printed and bound in India.
Paperback, First published by Anjuman Prakashan in 2023
ISBN : 978-93-88556-95-8

Cover & Typeset by Anjuman Prakashan

समर्पण

परम् पूजनीय ममतामयी माँ स्व० श्रीमती शिववचन देवी एवं परम् पूजनीय बाबूजी स्व० श्री सुदामा सिंह जी के चरण कमलों में यह पुस्तक रूपी श्रद्धासुमन सादर समर्पण के साथ ही कोटि-कोटि राष्ट्र प्रेमी भारतीयों को भी समर्पित है।

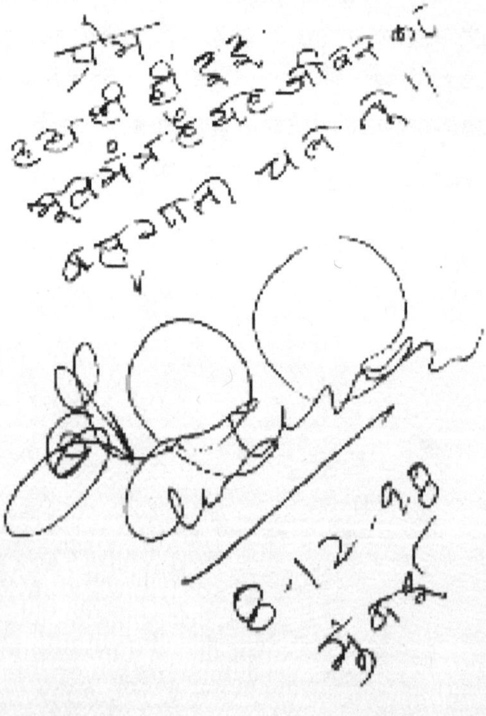

भूमिका

प्रेम मूल है इसी के विभिन्न रूपों में मातृप्रेम, पितृप्रेम, देशप्रेम आदि हैं। प्रेम में समर्पण ही भक्ति है जो मूल मानवीय गुणों में प्रमुख है बहुतेरे गुणों की जननी है। यह सब में है। इन्हीं के कारण भाव उमड़ते हैं जो त्याग, बलिदान, प्रेम, भक्ति, काव्य, गीत संगीत आदि के रूप में रूपांतरित होते रहते हैं। इन भाव प्रवाहों के पीछे भिन्न-भिन्न परिस्थितिजन्य कारक होते हैं अतः इसके भिन्न-भिन्न रूप भी दिखते हैं। यही भाव प्रवाह मेरे हृदय से भी प्रस्फुटित हुए हैं जो कभी प्रियतम, कभी देश-समाज तो कभी निजी अनुभवों के प्रति प्रस्फुटित हुए हैं। प्रस्तुत पुस्तक "भव्य-भारत" काव्य संकलन में देश, समाज, संस्कृति, अध्यात्म, पर्यावरण आदि के प्रति निजी अनुभवों से सने भाव पुष्पों का संकलन है। ये भाव पुष्प मेरी आधी अधूरी समझ के साथ प्रस्फुटित हुए हैं त्रुटियाँ संभव हैं अतः उनके लिए क्षमाप्रार्थी हूँ। कोई भी रचना देश समाज की धरोहर है। इसे देश समाज को सौंप देने की नैतिक ज़िम्मेदारी बोध से प्रकाशित कराने का संकल्प किया और अब आपके सम्मुख प्रस्तुत है। विश्वास है सुधी काव्य प्रेमियों के हृदय प्रसन्न होंगे। एक लघु प्रयास है देशवासियों के हृदय में देश भक्ति के विभिन्न रंगों घोलने का जो सर्व कल्याणकारी सिध्द हो ऐसा ईश्वर से विनती है।

अनुक्रम

वन्दना

वर दे, हे जगत जननी भारती
शरणागत हूँ, हे पतित पावनी।
कर कृपा कर वीणा धारिणी
हे विद्या ज्ञान की आदि जननी॥

भाव भुवन की भावुक भावना
विज्ञ विद्या विभुषित कल्पना।
भव्य भारत की नवनित अल्पना
सृजन करूं अर्पण करूं माँ शारदा॥

भारत

भासता है वेदों से उपनिषदों से
रति है सर्व प्राणियों में सर्वदा से ॥
तरण है सर्व तीर्थों देवालयों में।
भारत वर्ष सनातन वन्देमातरम ॥

भारत कीर्ति, सम्राट भरत की
आत्मज्योति रत ऋषियों की।
कण सनातन जन जन सनातन
धरती "जीयो, जीने दो" की ॥

हिमालय से दक्षिण दिक्
इन्दू महा सागर प्रयन्त।
हिन्दू संज्ञा से सुशोभित
मनुज सनातन पाता विस्तार ॥

भारत माँ

विराटता को सरहदों में
आबद्ध कैसे कर दूँ माँ!
आलोक तेरा दूर दूर
बुद्ध ने फैला दिया है॥

वसुधैव कुटुम्बकम् मन्त्र न्यारा
धरती को माँ कह के पुकारा।
मेरे विस्तार को आयाम दे माँ
तेरी सीमा में हो संसार सारा॥

अनवरत श्रृंगार सुन्दर
आलोक फैलाता रहे।
अक्षत रोली कुमकुम से
कभी रक्त से होता रहे॥

राष्ट्र पुरुष

पग पखारता नित रत्नाकर विशाल
निहारती धवल हिम किरीट मही।
उदय से अस्त लंबी भुजा विस्तार
सिंध बंग प्रयन्त वक्षस्थल विशाल॥

कटि सुशोभित मेखला विंध्याचल
सिंधु तट नग युगल ऊरू वज्रमय।
भूखंड नहीं केवल, सजीव पुरुष है
अमृत राष्ट्र पुरुष, राष्ट्र पुरुष विराट॥

वंदन करो अभिनंदन करो नित
यह देव भूमि अध्यात्म भूमि है।
रामकृष्ण की पावन लीला स्थल
अमृत भारत सनातन राष्ट्र भूमि है॥

भव्य-भारत

कृतज्ञ मानव कण-कण का,
पूजा में शीश नवाता है।
जड़ -चेतन भेद न करता
श्रद्धा सुमन चढ़ाता है॥
नदियाँ पृथ्वी माता बनती
गिरि गगन पिता कहलाता है।
जिससे पाया तनिक सहारा
कृतज्ञ है भारत देश हमारा॥

टूटता है टूट कर जुड़ता है
गिरता है गिरकर उठता है॥
चलता है निरन्तर निज पथ पर
विचार सभी के सुनता है॥
भिन्न-भिन्न दिशा की छबि
ले निज निर्माण में रहता है॥
काल जयी एक जीवन धारा
गाती जाये जय भारत माता॥

तम की आंधी अक्सर आती
दशों दिशाएं कालिख करतीं।
लगता सब कुछ मिट जायेगा
भारत जग से उठ जायेगा॥
ऐसा क्या कभी हो पाया
यहाँ जीवन तो अमृत पाया।
जिजीविषा जीने की अदभुत
अविरल गंगा बहती युग युग॥

चिन्तन को मिलती मुक्त दिशाएं
कर्म विधाता बनता है।
वाणी बनती अडिग विधान
त्याग चरित्र चमकाता है॥
अतिथि देवता बनता है
शरणागत पाता अभय निवास।
संस्कृति बन गंगा बहती है
भारत बनता पूज्य महान॥

पावन धरती शस्य श्यामला
स्वर्ण लुटता सूर्य सुनहला।
श्वेत चांदनी रजत निशा है
पर्वत सागर से घिरी दिशा है॥
रिमझिम बूंदें कहीं बहती लू है
हिमपात कहीं बड़ी उमस है।
बदले मौसम दिशा बदल लो
देव भूमि का भेद समझ लो॥

एक समय में भिन्न भिन्न रूप
शिमला में सर्दी जयपुर धूप।
भींगता पूरब उमस में दक्षिण
उत्तर कांपे जलता पश्चिम ॥
मेघों की वर्षा सघन मेघालय
रजत लुटाते शिखर हिमालय।
गोवा पुरी चेन्नई चौपाटी
सागर तट पर उछले चाँदी ॥

कन्या कुमारी सागर तट पर
भाल तिलक चमके कश्मीर।
सिन्धु व्यास पश्चिम में बहती
प्राची ब्रह्मपुत्र से घिरती ॥
गंगा यमुना कृष्णा कावेरी
निर्मल नर्मदा अविरल बहती।
उज्जैन को उज्ज्वल करती छिप्रा
काशी के गीत गाती गंगा ॥

अमृत महोत्सव

बादलों में छा रहे हैं
तीन रंग मिल भा रहे हैं।
व्योम उत्सव लीन है
अमृत महोत्सव अमृत महोत्सव ॥

स्व का प्रसार सुंदर
राष्ट्र का श्रृंगार सुंदर।
जन का उत्साह सुंदर
अमृत महोत्सव अमृत महोत्सव ॥

स्वतंत्रता महोत्सव महान्
विकास की गाथा निरन्तर।
भारत जन मन लिख रहा है
अमृत महोत्सव अमृत महोत्सव ॥

सजग है जन जन हमारा
शत्रु का प्रहार प्रबल है।
विजय पथ पर बढ रहे हैं
अमृत महोत्सव अमृत महोत्सव ॥

अहिंसा का यथार्थ भाव
राष्ट्र कर रहा है आत्मसात।
हिंसा का संहार सशस्त्र हो
अमृत महोत्सव अमृत महोत्सव ॥

कटि कस रहा भारत चिरन्तन
शत्रु दलन कर बंधुत्व मग में।
स्व विश्व का कल्याण करता
अमृत महोत्सव अमृत महोत्सव ॥

शनैः शनैः किनारे लग रहे हैं
मलेच्छ भारत माँ के शत्रु।
देश जन गण गा रहा है
अमृत महोत्सव अमृत महोत्सव ॥

राह में कंटक बहुत हैं
निर्भीक आगे बढ रहा है।
प्रतिक्षा रत, देवी विजय की
अमृत महोत्सव अमृत महोत्सव ॥

जय हो सदा मां भारती
जय हो सनातन संस्कृति।
राम से भारत सज रहा है
अमृत महोत्सव अमृत महोत्सव ॥

सजग रहें अब राष्ट्र प्रहरी
विजय का स्वाभिमान दे दें।
संस्कृति सनातन विस्तारित हो
अमृत महोत्सव अमृत महोत्सव ॥

जब जब भी हमने ठाना है
जग नयन खोल पहचाना है।
उठो उठो अमृत संतानों
अमृत महोत्सव अमृत महोत्सव ॥

भारत भूमि एकत्व मांगती
पूर्वज परम्परा अखंड मांगती।
यज्ञ ज्वाला प्रज्वलित उत्सव
अमृत महोत्सव अमृत महोत्सव ॥

राम से सज गई अयोध्या
कृष्ण से मथुरा सजा दो।
शिव की काशी त्याग मांगती
अमृत महोत्सव अमृत महोत्सव ॥

मलेच्छ मलीन करने को तत्पर
भारत भाल मर्दन को आतुर।
हुंकार गुंजे बप्पा रावल की
अमृत महोत्सव अमृत महोत्सव ॥

नव निर्माण गली गली हो
भूख मिटे अज्ञान छंटे।
हाथ हाथ रोजगार रहे
अमृत महोत्सव अमृत महोत्सव ॥

बच्ची-बच्चा विद्यालय हो
युवा कार्य रत कर्मभूमि में।
नर-नारी अभेद अर्धनारीश्वर हो
अमृत महोत्सव अमृत महोत्सव ॥

वृद्ध दिव्यांग मन हर्षित हो
नगर ग्राम बस्ती व्यवस्थित हो
हवा पानी शुद्ध, तन प्राण प्रसन्न
अमृत महोत्सव अमृत महोत्सव ॥

कल कल बहती गंगा यमुना
अविरल जल प्रवाह सर्वत्र
आचमन नहान निर्मल जल हो
अमृत महोत्सव अमृत महोत्सव ॥

वन में विचरत अभय पशु
गो संग सबका संवर्धन हो
जीयो,जीने दो मंत्र अमर हो
अमृत महोत्सव अमृत महोत्सव ॥

हिमालय से इन्दुसागर पर्यन्त
आर्यान से जावा सुमात्रा पर्यन्त
अखंड हो भारत एक हो भारत
अमृत महोत्सव अमृत महोत्सव ॥

रामराज्य सुख भारत में आवे
स्वराज्य बने सुराज सुंदर सबै।
प्राणि-प्राणि प्रवाहित बंधुत्व हो
अमृत महोत्सव अमृत महोत्सव ॥

जागो जागो अमृत संतानों

निज गौरव के बाहक जन,
अंतर मुख से विमुख हुए।
भौतिकता की चमक विलक्षण
निज राहों से भटक गये॥

अंधी विकास की आंधी में,
पांव अंगद के उखड़ गये।
आधुनिकता की चमक दमक,
मूल्य सब बिखर गये॥

जब तक स्वंय पर किए भरोसा,
जमाना हमको पूजता था।
अलबरूनी कोलम्बस ह्वेनसांग,
वास्कोडिगामा ढूंढता था॥

तक्षशिला के आंगन में,
नालंदा के पावन छांव तले।
ज्ञान की गंगा कल कल बहती,
जिज्ञासु जमाना ढूंढ़ता था॥

जागो जागो अमृत संतानों,
निज तांद्रा का त्याग कर दो।
उपनिषदों का आलोक अमृत,
विश्व का दुःख दूर कर दो॥

अपनी क्षमता को पहिचानो,
पराकाष्ठा को पार कर दो।
विश्व के मानस पटल पर,
भारत का विस्तार कर दो॥

इस धरती की जन्मी भाषाएँ,
विधवा विलाप करतीं।
ज्ञान का उत्कर्ष रूप,
आयुर्वेद भी चीत्कार करता॥

विकास का कैसा प्रदुषण,
संवेदनशीलता जड़ बन गयी।
अपने घर में ही हमारी,
पहचान तक तरस गयी॥

हम गुलाम थे वे गैर थे,
हंस हंस कर चोट सह गये।
आज अपनों की गुलामी,
अपमान घूंट कैसे पियें॥

शताब्दियों की दासता में,
अडिग हिमालय बने रहे।
स्वाधीनता में क्या हुआ?
प्रदूषित समन्दर बन गये॥

काम क्रोध इर्ष्या मोह,
मानव के संस्कार बनते।
धन कमाके छल बल से,
विकास के आदर्श बनते॥

भौतिकता की चमक दमक,
विकास अर्थ पाने लगा।
इंसानियत की बात अब,
व्यवासाय सा लगने लगा॥

आर्यभट्ट को भुला दिए,
वाणभट्ट विस्मृत हुए।
शाकुंतलम् का सहज देश
सेक्सपियर अमृत हुए॥

तक्षशिला नालंन्दा वाले,
आक्सफोर्ड में अटक गये॥
निज भाषा को अपमानित,
कर अंग्रेजी में भटक गये॥

मुक्तक

आधी दुनिया का उद्घोष
कर के रहेंगे हम जय घोष।
सम्मान सुरक्षा समता दो
हम देते हैं ममता परितोष॥

आओ हाथों में हाथ दो
स्पर्श को महसूस करो।
मानव की हर त्रासदी में
मानवता का साथ दो॥

भिन्न बोली भिन्न भिन्न वेश
भिन्न मौसम भिन्न भिन्न प्रदेश।
कैसा अचरज सास्वत संदेश
एकात्म राष्ट्र अपना परिवेश॥

ऊँचे ऊँचे शिखर हिमालय,
उबर-खाबर धूसर विंध्याचल।
हरा-भरा चौरस भारत विस्तार,
पग पग नदियाँ करती श्रृंगार॥

धन-धान्य से लदी लदी
खलियानों में उमड़ी पड़ी।
नगरों में आकर बस गयी
गावों से क्यों तू रूठ गयी॥

खेल खेल के भाव में
समर लड़ा करते थे हम।
अब समर-समर के भाव से
खेल खेला करते हैं हम॥

कृष्ण

समवेत स्वर एक गूंजता है
आगे बढ़ कुछ बोलता है।
तोलता है काल को भी
मोड़ता प्रवाह को भी॥

बात ऐसी बोलता है
तमस को भी चीरता है।
हर हृदय को भाष होता
बात मन की बोलता है॥

क्रांति का वह नाद करता
न्याय का विश्वास देता।
सत्य का सम्राज्य गढ़ता
कृष्ण से भगवान बनता॥

हृदयों का सम्राट बनता
आम जन को पूजता है।
आम में वह आम दीखता
खास में वह राज करता॥

गाँधी

संघर्ष का शंखनाद
करते कौन हो तुम?
शस्त्र हीन युद्ध का
ऐलान करते कौन हो तुम?
एक लाठी एक लंगोटी
एक नन्ही जान हो तुम।
सम्राट को ललकारते
ऐ विनय पुंज कौन हो तुम?

सम्राज्य की सीमा में
जिनके सूर्य कैद हो गया।
जगत का नेतृत्व छल से
नाम जिनके हो गया।
सभ्यता का शिखर आसन
छल से जिनका हो गया।
आँखों में झांकते प्रतिवाद करते
ऐ तेज पुंज कौन हो तुम?

अहिंसा के खड्ग से
असहयोग का संग्राम करते।
विनम्रता की ढाल पर
आक्रान्ता का वार सहते।
मुस्कराते चोट खाकर
शत्रु से भी प्यार करते।
सत्य का आग्रह लिए
ऐ अडिग हिमालय कौन हो तुम॥

प्रहार की प्रतिक्रिया में
हाथ उठते सदा।
क्रोध से अभिभूत नैन
लाल हो उठते सदा।
प्रतिशोध का पीकर
गरल तुम मुस्कराते।
सहज मानव हो नही
तुम महामानव ही सदा॥

अवतार अहिंसा के साक्षात्
धैर्य के सागर अथाह।
अजीत पुरोधा सत्य धाम
भारत के प्रहरी बेमिशाल।
हे महात्मा हे बापू
हे गाँधी राष्ट्रनायक महान्!
शत शत कोटि कोटि नमन
हे सत्य पुंज तुम भारत भाल॥

बुद्ध की मुस्कान

आदर्श अहिंसा दर्शन ज्ञान,
मर्यादा में देता जीवन प्रकाश।
अति की सीमा पार अज्ञान,
करता धन जन मन का नाश॥

महा दुर्दशा का भोगी भारत,
यथार्थ से अब दो चार हुआ।
सत्य अहिंसा को पहचाना,
महा शक्ति बोध संचार हुआ॥

महा भयंकर भीषण भूडोल,
चमक बिलक्ष्ण कम्पन्न शोर।
थार की बज्र मय छाती फोड़,
शक्ति का करता भारत घोष॥

परमाणु शक्ति का प्रदर्शन कर,
निर्बल का चोला फेंक दिया।
आदर्श अहिंसा की बातों में,
वजन शक्ति का डाल दिया॥

भारत का यह ब्यवहारिक रूप,
करता पुरखों को आह्लादित।
शांति प्रेम अहिंसा का सत्यार्थ,
मुस्कान बुद्ध की "भारती" हामी॥

कारगिल

ऐ भारत रहना अटल
शत कोटि जन के भाल हो।
मुल्य चाहे जो भी हो
यह युध्द बेमिशाल हो॥

शत्नु ने आँखें तरेरी
काढ़ कर हांथों में दे दो।
फिर जुर्रत कर सके ना
ठोकर एक भयंकर दे दो॥

सरहद की देवी से पूछो
रक्त कितना चाहिए।
भर दे खप्पर छलक जाये
विजय हमको चाहिए॥

राष्ट्र के हम स्वास्थ्य प्रहरी
वैद्य भी तत्पर खड़े हैं।
लक्ष्मण को मरने न देंगे
संजीवनी लिए खड़े हैं॥

एक अभिलाषा बेबस है
सेना की वैद्यक सेवा करता।
अवसर मिलता हम दिखलाते
आयुर्वेद सभी से आगे चलता॥

युद्ध

युद्ध योद्धाओं मध्य
शाश्वत संबंध है।
सत्य मेव जयते का
अंतिम प्रबंध है॥

द्वंद प्रकृति का प्राण
द्वैत मूल विविधता है।
यही सृष्टि का राज
जीवन आता जाता है॥

सदैव चलता रहता है
परमाणु से परम् तक।
निर्माण और विनाश
अनवरत है साथ-साथ॥

प्रकृति का द्वंद ही
बुद्धि का तर्क-वितर्क है।
द्वंद ही मानव में
युद्ध का स्वरूप है॥

पृथक पृथक करता है
धर्म और अधर्म को।
सत्य और असत्य को
पुनः उलझा रहता है॥

द्वंद बीज है
युद्ध वृक्ष है।
है सदैव से ही
सृष्टि के साथ साथ॥

शांति न्याय सत्य धर्म
पावन लक्ष्य पाने को।
युद्ध अपरिहार्य है सतत
रचना हेतु स्वीकार करो॥

युद्ध क्रीड़ा की भांति खेलो
नियमों सहित मूल्यों के साथ।
आदर्श है किंतु यथार्थ हो दृष्टि
शत्रु की नीति और नियत देख॥

बल बुद्धि कौशल अग्रणी हो
विजयश्री पाने तक युद्ध हो।
अपने जीवन मूल्यों पर जीना
सदैव युद्ध हेतु तत्पर हो॥

किंतु ध्यान रहे हरपल
युद्ध अंतिम अस्त्र है।
युद्ध जीवन का सत्य है
मगर जीवन रक्षा अस्त्र है॥

युद्ध रक्षक बलशाली
सत्य-अहिंसा संस्कृति हेतु।
अभय बनो अमर वीर
भारत भाल बनो वीर॥

इतिहास से सीखो
भविष्य में देखो।
वर्तमान में करो सुंदर
निज विवेक को मानो॥

जिन्दगी और मृत्यु

समर का घायल सिपाही
कराहता कुछ कह रहा है।
अर्ध चेतना में डूबता
कभी चेतना में उठ रहा है।

घुमती धरती के उपर
नभ मंडल भी घूम रहा है।
घूम रही है रील सारी
त्रिकाल दर्पण दीख रहा है॥

बाल सुलभ मुस्काता चेहरा
यौवन का उत्साही चेहरा।
कहीं वीभत्स कहीं प्याराचेहरा
अपनों का कहीं गैरों का॥

वात्सल्य पिता के आँखों का
मां की ममता सागर गहरा
नन्हीं गुडिया क्यों रुदन करे
सफर क्यों आधा छूट रहा है।

सम्बन्धों का ताना उल्टा-पुल्टा
कहीं गलत कहीं सच्चा रिश्ता।
कहीं घात विश्वास हृदय में
कहीं एहसान दुश्मन के घर से॥

मोह जाल में सने हुए सब
अपने है गैरों से बदतर।
रिश्तों में स्वार्थ का नंगापन
भाई भाई में दिख रहा है॥

वोट का जादू सब कुछ अपना
भाषा अपनी देश अपना।
हम सब अपने शासन अपना
बस समृधि उनकी फांका अपना॥

विजयी भावों से बढ़े हुए थे
आन पर अपने अड़े हुए थे।
अपने हिस्से गोली आई
अगुआ मौज में सो रहा है॥

यौवन का मद जब तक रहा
पैरो में दुनिया लोटती थी।
कांपती कदमो में धरती
दर पर सत्ता डोलती थी॥

शिखर सलामी ठोंकता
अन्याय गरीबी भागती थी।
पर वक्त पलटा बाजी पलटी
जय-पराजयों से उब चूका हूँ॥

राह क्यों बदल गयी
यह मृत्यु क्यों ठहर गयी।
ठहरने को मत बोलो
मै घर से चल चूका हूँ॥

रोम रोम बींध गया
तन मन लहू लुहान है।
जीत कर जंग हार गये
अब क्या बाकी रह गया है॥

ऐ मृत्यु अब तू देर न कर
प्रारब्ध की फिकर न कर।
ऐसे तो यहाँ होता ही है
देख अब मैं थक गया हूँ॥

संवारता ही रह गया
फिर भी सब बिखर गया।
कोई नहीं चल बंद कर
पहरा अपना बदल गया है॥

ऐ जिंदगी संग छोड़ दे
क्या दिया मैंने तुझे।
अभाव फांका दर्द जिल्लत
अब और क्या तू चाहती है॥

मृत्यु की अब राह छोड़
विदाई का शुभ मुहूर्त है।
अलविदा ऐ जिंदगी
फिर मिलेंगे राम राम॥

घायल सरहद

गर्जन भयंकर अरि तोपों की
घायल सरहद करे पुकार।
देश की माटी मांग रही है
लहू से हो मेरा श्रृंगार॥

लहू उबलता यौवन रग में
कहर बरसता सीमा पार।
रण में चंडी नाच रही है
गुंजे हर हर महादेव का घोष॥

जीजा बाई जाग उठी है
हृदय हृदय में हर माता के।
दूध की कीमत मांग रही है
विजयश्री ला हर कीमत पर॥

रानी हाड़ा प्रिया प्रिया से
रण में पाती भिजवाई है।
विजयश्री या वीरगति दो
जननी की कसम धरायी है॥

कर्मवती ने राखी भेजा
मुगलों की राह बदल गई।
मजहब का भेद नहीं
ईंट से ईंट बजा दी थी॥

आग उगलती बोफर्स तोपें
दुश्मन पांव उखड़ते जायं।
आसमान से गिरते गोले
दिन में तारे दीखते जायं॥

राजपूत मराठे नागा जाट
गढवाली गोरखे जाबांज।
शौर्य देख बिहंस रही माँ
शत्रु रुधिर से धोती पाँव॥

कारगिल दराज मस्कोट घाटी
नापाक पाक के कदम नापाक।
अरि अपवित्र किया है माटी
श्रोणित से करते माटी पाक॥

धरती माँ

धरती माँ तो सबकी है
यह सरहद की बंदिस कैसी ?

मिलकर सब विद्रोह करो
मानवता की जंग लड़ो।
सीमाएं ना रोक सकेंगी
महासमर का घोष करो।
यह कुछ की ठिकेदारी कैसी ?

वसुधैव कुटुम्बकम् हमने माना
जीवन हक सबका स्वीकारा।
नक्कारखाने की तूती बन गये
उपदेश निर्बल का किसने माना ?
हुंकार भरो उलझन है कैसी ?----

हम एक एकड़ में दस दस हैं
वे सौ एकड़ में एक एक हैं।
नस्ल कहीं देश की सीमा
जाति कहीं मजहब की सीमा।
तोड़ दीवारें देरी कैसी ?--

आबादी ताकत है अपनी
दरिद्रता से नाता जोड़ा।
एटमबम का भय दिखला कर
चौकठ के भीतर सबको रोका।
बाहर निकलो यह भय कैसा?

शक्ति सम्पन्न करो स्वंय को
धन से बल से बुधि से।
सोना से कुंदन बन जाओ
संस्कार साधना शुद्धि से।
आलस्य त्यागो देरी कैसी?----

सदियों का इतिहास साक्षी
शक्ति ही पूजित होती है।
उठो तैयारी कर लो जल्दी
कल कब सामने होती है?
लो विजय श्री प्रतीक्षा कैसी?--

प्रस्थान

अतीत की निशानियों से
सीख ले कुछ सीख ले।
स्वपात्र देश काल परख
निज लक्ष्य का संकल्प ले॥

प्रकृति का वरदान है
होने का कुछ मान रख।
मनुष्यता का शीर्ष बन
भारत का उन्नत भाल बन॥

भाग मत प्रयत्न कर
यत्न कर तू यत्न कर।
पुरूषार्थ के अधीन सर्व
कुछ भी नहीं असंभव॥

आगे बढ़ देख तू
टूटता तिलिस्म है।
रूक मत रूक मत
भय के आगे जीत है॥

परिस्थितियां बदल रहीं
जीत हार में झलक रही।
प्रयत्न कर प्रयत्न कर
आगे बढ़ आगे बढ़॥

सूर्य को हाथों में ले
बजरंग की संतान है।
तमस को विजय कर
मृत्यु को विजय कर॥

अज्ञान का विनाश कर
अधर्म का संहार कर।
कृष्ण का पथ प्रसस्थ है
प्रस्थान कर प्रस्थान कर॥

गन्तव्य

मगन मन मग में
दिग्भ्रमित राही।
ठिठक कर पीछे देखता है
आंकता है स्वयं कहां वह?
आगे की राह कौन
गंतव्य कितना दूर है?
पीछे कहां से?
अब है खड़ा कहां?

विवेचना करता हुआ
आगे पीछे देखता है।
दिशा का अनुमान कर
ढूंढता है मार्ग अपना।
पूछता है दूसरों से
पता निज गंतव्य का।
चलता है सीखता है
श्रम से लक्ष्य ढूंढता है॥

भविष्य का अंजान पथ
अतीत का श्मशान पथ।
वर्तमान का जीवन्त पथ
आगे का पथ प्रशस्त कर।
अतीत को जाने बीना
वर्तमान है हवा हवा।
वर्तमान की समझ नहीं
भविष्य भी हवा हवा॥

आज समझदार बने
कल से सीख चाहिए।
कल सुनहरा चाहिए
तो आज को संवारिये।
आये किधर से देख पीछे
वही तो इतिहास है।
सीख कर तय कर दिशा
यही तो वर्तमान है॥

जहां खड़ा वर्तमान तेरा
समझ क्यों कैसे वहां?
समझ लिया सिद्ध हुआ
गंतव्य परिलक्षित हुआ।
चल आगे बढ़ आगे बढ़
गंतव्य पर कदम रख।
विजयश्री पुकारती
विजय श्री वरण कर॥

अंतर्द्वंद

गोरे चिट्टे थे बचपन में
मां कहती थी आंगन में।
काले क्यों हुए पचपन में
बच्चे पूछते हैं हंस हंस के॥

क्या बात करूँ क्या उत्तर दूं
अनुभव हैं बड़े खट्टे- मीठे।
गोरी चमड़ी काली हो गयी
हवा के खाये बड़े थपेड़े॥

अन्दर हवा संजीवन है
बाहर शीत व गर्मी देती।
ना जलने ना बुझने देती
धुंआ धुंआ सुलगाती रहती॥

बीत गयीं रातें कितने दिन
घूमते रह गये जीवन भर।
पीछे मुड़कर जब जब देखा
हारा हरदम, जीता कम॥

सुबह शाम हो या हो रात
हरदम चिंता एक ही बात।
ईज्जत बची रहे भगवान
चाहे करा लो कोई काम॥

मन महत्वाकांक्षी बचपन से
संस्कार उच्च कुल अनुरूप।
संघर्षो से जो जगह मिली
नहीं महत्वाकांक्षा के उनुरूप॥

मध्यमवर्ग का अंतर्द्वंद
प्रतिष्ठा ढकने को प्रतिपल।
अनवरत श्रम अथक दर्द
मुस्कानों से ढकता आहत मर्म॥

बोध में जीता हूँ!

वर्जनाओं में नहीं,
स्वीकार में जीता हूँ।
कब, कहाँ, कितना,क्यों
तय कर लेता हूँ॥

गलत होता हूँ सही होता हूँ
क्या कहूँ? किससे कहूँ?
स्वीकार की तसल्ली से
आगे बढ जाता हूँ॥

साथ चलने की कोशिश
तो करता रहता हूँ।
पर अंत में अकेला पा
स्वयं पर मुस्कुराता हूँ॥

यात्रा अकेले की है सोच
स्वयं को समझाता हूँ।
नवमिलन को नियति मान
गले से लगाता हूँ॥

क्या खोया क्या पाया
अर्थहीन लगता है।
आस्तित्व को स्वीकार कर
निज बोध में जीता हूँ॥

धनतेरस दीपावली

धन धन धनतेरस आयी
धन की अदभुत वारिश लायी।
पर असली धन तो सेहत है
भगवान धन्वन्तरी को नमन करो
आयुर्वेद जनक को नमन करो॥

सहचर

प्रकृति में हम सहचर हैं
सब अपने हम सबके हैं
सब के संग संग जीना है
प्रेम का अमृत पीना है॥

हिम्मत

कुछ भी तो ना हुआ है
थोड़ी चोट खा गये है।
मुस्कुराती आँखे
आंसू छा गये हैं॥

बुलंद थे इरादे
ऊँचाई चढ़ रहे थे।
फिसलन भरी जगह थी
थोड़ी नीचे आ गये हैं॥

कुछ वैसे ना समझना
हम आज भी वहीं हैं।
ललकारते शिखर को
रौंदते तमस को॥

आनन्द

कुछ पावन एहसासों को,
सपनों में ढलने दो।
शब्द मत दो अर्थ को,
हृदय में ही पलने दो॥

कोमल पलों का स्पर्श,
आँखें मूंद कर मस्त।
पूरी सिद्द्त से,
गुदगुदी महसूस करो॥

जीवन के एक एक पलों को,
लम्बी उम्र में ढलने दो।
चंचल अल्हड अठखेलियों से,
हर पल को सजने दो॥

पावन एहसासों की लहर,
मस्ती के अतरंग पलों में।
गहराई तक डूब जाने दो,
सब कुछ लुटा कर भी॥

जन्मों के पार भी मुस्कुरायें
खुशगवार पल,सितम के पार भी।
हमारे बाद भी गरिमा के साथ
अमर यादों को जमीन पर उतरने दो॥

मुक्तक

रोम-रोम में राम बसे
श्वास श्वास में कृष्ण।
बल देते बजरंग बली
पाप होय विध्वंस॥

ना वो बता के आएगी
ना तुम बता के जाओगे।
चाहने वाले तो यों ही
देखते रह जायेंगे॥

कसमें वादे प्यार वफायें
पल भर में लुट जायेंगे।
पल पल साथ निभाने वाले
बेवफा कहलायेंगे॥

सपनों में हरदम जीत गये
अपनों में छल से जीत गये।
चीन जीत कर आये होते
हम भी गीत तुम्हारे गाते॥

वाक युद्ध के योद्धा हो
संसद में बड़े पुरोधा हो।
नई सदी की ताकत हो
नक्सल से निबट न पाते हो॥

मानव उत्कर्ष

तमसो मा ज्योतिर्गमय,
असदो मा सद् गमय।
मृत्यो मा अमृतो गमय,
याचना सर्वशक्तिमान से॥

अहम् ब्रम्हास्मि, सोऽहम,
विश्वास सर्वशक्तिमान होने का।
ब्रम्हांश अमर जीवात्म,
उदघोश है मृत्यु विजय की॥

त्वम असि विश्वास तुम में,
सत्यम् एव जयते आत्म आश्वासन।
निरंतर सघर्ष संकल्प "अप दीपों भव "
अंतिम मानवीय निष्कर्ष॥

विमर्श का दौर बारीक़ रेखा
मध्य ईश्वर अनीश्वर के।
कोई फेंक ईश्वर की वैशाखी
बनता बुद्ध मानव उत्कर्ष ॥

याचना नहीं ईश्वर से
स्वयंम ईश्वर भी नहीं।
तमस को चीरते पुरुषार्थ से
मानव होने का सुख भोगते ॥

विचरण करता विचारों की हवा में
सम्मान के साथ स्वयं को साधे।
ईश्वर अनीश्वर के बीच मनुज को प्यार
करता सभ्यता में दो शब्द जोड़ता ॥

विष पान

एक प्याला दे दो मुझको,
मैं भी विष का पान कर लूँ।
शिव हेतु शिव के शाये में,
उत्सर्ग का अभियान करलूं॥

ऊँच नीच को समतल कर दूँ,
कण कण को अमृत से भर दूँ।
बुद्धिविलास के तमस पाश से,
मानव को मुक्त सहज कर दूँ॥

पीड़ जमाने का पी जाऊ,
ख़ुशी से चारों दिक् भर दूँ।
मानवता की भव्य ईमारत,
नींव का पत्थर बन जाऊ॥

एक प्याला दे दो मुझको,
कलुष का विष पान कर लूँ।
कण कण को ब्रह्मांड बनाऊ,
जीवन का विस्तार कर दूँ॥

धन्वन्तरी स्तुति

नमामि आरोग्य दाता
आदि देव धन्वन्तरी।
ब्याधि भय से मुक्ति दे
ॐ धन्वन्तरी नमस्तुते॥

हे सिन्धु रत्न सुधापाणि
शंख शस्य धारी शिवम्।
आयुर्वेद का आलोक दे
ॐ धन्वन्तरी नमस्तुते॥

देवासुर के अथक श्रम से
सागर से प्रकट हुए।
स्वास्थ्य का वरदान दो
ॐ धन्वन्तरी नमस्तुते॥

भौतिकता का तमस पाश
त्रस्त मानव शरणागत है।
अमृत से कण कण को भर दो
ॐ धन्वन्तरी नमस्तुते॥

दीन हीन स्वाभिमान हीन
वैद्य वृन्द श्री हीन हुए।
निज गौरव का बोध करा दे
ॐ धन्वन्तरी नमस्तुते ॥

वैद्य हृदय आलोकित कर
चरक चिकित्सा के प्रकाश से।
शल्य में सुश्रुत को भर दे
ॐ धन्वन्तरी नमस्तुते ॥

वाग्भट्ट की वाणी दे
माधव का श्रेष्ठ निदान।
दे भाव मिश्र की नूतन शैली
ॐ धन्वन्तरीनमस्तुते ॥

जन जन की पीड़ा हरने की
औषधि में कौशल भर दे।
वैद्य 'भरत' शरणागत है
ॐ धन्वन्तरी नमस्तुते ॥

आयुर्वेद अवतरण

महा प्रलय प्रचंड भीषण
रूद्र तांडव कर उठे।
ब्रह्मांड को झकझोरते
कण कण प्रकंम्पित हो उठे॥

नव सृष्टि का संस्कार करते
गत सृष्टि को विराम देकर।
सौम्य सुंदर शांतिमय
मनु सतरूपा को संसार देकर॥

मनु सतरूपा की संतानें
सृष्टि को विस्तार देतीं।
अग्नि पाकर सभ्यता को
नित नव आयाम देतीं॥

ताम्र लौह पाषाण युग
पहिया पाए पार करते।
आरण्य से ग्रामीण जीवन
नगरों का निर्माण करते॥

ज्ञान का आलोक फैला
सभ्यता सजने लगी।
इन्द्रधनुष के रंग सुंदर
संस्कृति रंगने लगी॥

जर्रा जर्रा खिल उठा
सुगंध उड़ने लगी।
निशा दीप से सजी
दिवाली सी लगने लगी॥

गुलाल उड़ने लगा
दिन शोभने लगा।
पत्ती पत्ती फुल फुल
बसंत खेलने लगा॥

नीर से लदे बादल
सावन भी सजने लगा।
बसुन्धरा की गोद सुंदर
देवत्व खेलने लगा॥

विज्ञान का विगुल बजा
महर्षियो के ज्ञान से।
मानवता सजने लगी
अध्यात्म के प्रकाश से॥

विकास से मदमस्त मानव
त्रुटियाँ होने लगीं।
युद्ध की महामारियाँ
ब्याधियाँ होने लगीं॥

युद्ध की विभीषिका
घायलों का आर्तनाद।
रुधिर से रंगी हुई थी
अहम् की अतृप्त प्यास॥

छटपटाते अर्ध जीवित
अश्रु बहाते पूंर्ण जीवित।
हार तो बस हार थी
विजय का उल्लास पीड़ित॥

अहंकार पोषण में लगा
मृत्यु का बाजार भीषण।
विलख रही थी जिन्दगी
शांति का संदेश लेकर॥

विडम्बना अजीब है
शांति हेतु युद्ध होता।
रक्त रक्षा लक्ष्य रण का
रक्त का ही होम होता॥

दिक् दशों फटने लगीं
रुग्ण आर्त नाद से।
ब्यथित हृदय विदीर्ण थे
सर्वत्र सर्वनाश से॥

त्राहिमाम- त्राहिमाम!
करुण स्वर गूंजने लगे।
ध्यान योग समाधियाँ
यज्ञ तप टूटने लगे॥

पीड़ा से ब्याकुल मानव
विचार गंथन में जुटा।
उपाय के अविष्कार में
विज्ञानं का बिगुल बजा॥

ब्याधि भय से त्रस्त मानव
एकता सम्भव हुई।
गिरिराज की सुरम्य घाटी
एक सभा सुंदर हुई॥

महर्षियो में श्रेष्ट सुंदर
ज्ञान के भंडार थे।
दूत बनकर चल दिए
वे श्रेष्ठ भरद्वाज थे॥

प्रजापति के शिष्य इंद्र
युगलअश्वनी कुमार थे।
त्रिसुत्र आयुर्वेद के
वे विद्वान महा प्रकांड थे॥

"हेतु लिंग औषधि"
त्रिसुत्र आयुर्वेद सुंदर।
इंद्र से शिक्षा लिए
शिष्य भरद्वाज बनकर॥

विश्व के कल्याण हेतु
कठिन व्रत निर्वाह कर।
ब्याधि हरण में जुट गये
आयुर्वेद का साक्षात्कार कर॥

अमृत आलोक सुंदर
सृष्टि प्रकाशित हुई।
वैद्यक की ज्ञान गंगा
भरद्वाज से प्रवाहित हुई॥

अनुमान युक्ति प्रत्यक्ष आप्त
वैद्यक को तोलती।
सम भाषा परिषदों में
सोना से कुंदन बनी॥

अनुसन्धान अनुशीलन निरंतर
आत्रेय आश्रम में चले।
ज्ञान अग्नि कुंड में
तप तप कर वैद्यक सूत्र निकले॥

तर्क दर्शन योग औषधि
सदबृत सुधा पल्वित हुआ।
आलोक आयुर्वेद का
अष्टांग में विस्तृत हुआ॥

सम भाषा परिषदों में
सद् व्याख्या होने लगी।
कोंपलें त्रिसुत्र की
फूलीं फली बरगद बनीं॥

अग्निवेश भेल जतुकर्ण
पराशर क्षारपाणी हरित ऋषि।
आत्रेय के ये शिष्य गण
भिन्न भिन्न संहिता रची॥

अष्टांग अधुरा था अभी
शल्य शालाक्य का अभाव था।
नित्य प्रति दिन युद्ध होता
घायल मनुज लाचार था॥

ब्याधि सिन्धु बीच में
यह भंवर भयंकर एक था।
ठहर गया था कारवां
ब्यथित विश्व अपार था॥

विचार मंथन तर्क बितर्क
अनुमान युक्ति विज्ञान था।
अनुभवों से सिद्ध मानव
पर अभाव भी अनेक था॥

देव दैत्य मिल गये
अनुसन्धान में सब जुट गये।
विचार सिन्धु मंथन किए
मन्दराचल की युक्ति से॥

रत्नाकर का वक्षस्थल
मंथन कर हिलोर दिए
चारू चतुर्दस रत्न विलक्षण
मानव को उपहार दिए॥

हलाहल से त्रस्त मानव
शिव ने विष का पान किया।
अमृत कलश हाथों में लिए
धन्वन्तरी इजाद हुए॥

धन्वन्तरी की परम्परा में
शल्य का विकास हुआ।
कौशिक नन्दन शल्य पितामह
सुश्रुत का प्रकाश हुआ॥

चमक उठी थी सर्जरी
हर रोग का इलाज था।
मानवता सम्पन्न हुई
आरोग्य का अह्ल्लाद था॥

स्वास्थस्य स्वास्थ्य रक्षणम्
आतुरस्य विकार प्रशनम्।
आयुर्वेद का महान लक्ष्य
स्वास्थ्य कवच अभेदनम्॥

स्वस्थ वृत्त के आचरण से
स्वास्थ्य का संस्कार किया।
रोग जिनको हो गया
अष्टांग से उपचार किया॥

धन्वन्तरी आत्रेय की
सम्प्रदायों का संगम हुआ।
वैद्यक का स्वर्ण शुद्ध
सुहागे से अतिसुन्दर हुआ॥

मानवता सुखी हुई
विज्ञानं भी समृद्ध हुआ।
स्वास्थ्य के सम्राज्य में
हर प्राणी समृद्ध हुआ॥

भब्य भारत भासता था
ज्ञान की बुलंदियों पर।
उड़ता आकाश में
अनंत की ऊँचाइयों पर॥

आचार ऊँचे हो गये
विचार भी गहरे हुए।
प्रकृति की समृधियां
धन धान्य से भरे हुए॥

यथार्थ की जमीन छोड़
आदर्श ऊँचे हो गये।
वेद पुराण उपनिषदो में
लीन सारे हो गये॥

छूटते जमीन के
बुराइयों की बाढ आई।
कर्म कांड में लगे
विलासिता भी रंग लायी॥

कालचक्र अनवरत
गतिशील सृष्टी संग था।
परिवर्तन प्रकृति का
स्वभाविक सुंदर अंग था॥

आदर्श के मद में डूबे
यथार्थ अपमानित हुआ।
अहिंसा की सौम्य आंधी
शल्य तिरोहित हुआ॥

आयुर्वेद अधुरा रह गया
विलासिता का अंग बना।
अहंकार था आदर्श का
निज शक्ति का अभिमान था॥

विदेशियों की सैन्य शक्ति
यथार्थ का प्रकाश था।
भव्य भारत दास बना
आदर्श का अंधकार था॥

हाय !सब कुछ लुट गया
देश भी गुलाम हुआ।
सहस्त्राब्दियों की साधना
आदर्श में अवसान हुआ॥

मान मर्यादा गयी
धन धान्य स्वाभिमान गया।
स्वतन्त्रता तो मिल गयी
पर मौलिक पहचान गया॥

श्रम सत्कार

श्रम सत्कार करो अबभी
श्रम का मत अपमान करो।
श्रम से सुख की दरिया फूटती
श्रमिकों का सम्मान करो॥

श्रम अपमान हुआ पीछे,
दुर्भाग्य देश ने भोगा है।
आज अभी भी ना चेते,
स्वयं को देते धोखा हैं।

मेहनतकसों का तिरस्कार
भारत ने भोगा दुःख अपार।
शारीरिक श्रम करने वालों का
क्यों होता आया तिरस्कार॥

श्रम

नाभी में कस्तुरी थामे,
कहाँ भटक रहे हो।
किस चमक दमक के,
पीछे भाग रहे हो॥

दिवास्वप्न कब पुरे होते
जो दिखा रहे हैं झूठे।
छल भरी चतुराई से
नहीं किसी के अपने रूप॥

जीवन के सौदागर
बहुरुपिया नाटकबाज।
घृणित मनसा के मक्कार
सावधान! सावधान!

आकलन करो पहचानो
स्वयं की छमता कस्तुरी को।
अंतिम संम्बल है
सम्बर्धन करो यही भरोसेमंद॥

श्रम से सम्भव होते आये
सपने साकार युग युग से।
क्या सम्भव हुआ कभी
छोटी राहों से एवरेस्ट विजय॥

पलक झपकते
कोशिश किया बहुतों ने।
नही हुए कामयाब
उठो! मत डरो श्रम से॥

आगे बढो! बाट देख रही है
सफलतायें खुशियां।
पौरुष का सम्मान
मुस्कान सदैव होंठो पर सजती॥

परिवर्तन

परिवर्तन का कामी हूँ
जीवन का अनुरागी हूँ।
मौत तो आती जाती है
जीवन को आजमाती है॥

मौसम बदले रूप बदलता
जीवन का स्वरूप बदलता।
पुरातन मिटता जाता है
नया सवेरा आता है॥

जीवन रुकता जड़ता आती
दरिया रूकती सड़ती जाती।
जीवन अविरल पावन धारा
संस्कारों से पाता सुखद किनारा॥

भूगोल संस्कार तय करते हैं
रोचक रंगो से भरते हैं।
संस्कृति दुल्हन सी सजती
राष्ट्रों का गौरव बनती है॥

परिवर्तन से राष्ट्र निखरता है
मार्गदर्शक विवेक ही बनता है।
विचारों के फुल महकते हैं
मंगलमय उपवन सजते हैं॥

विचारों में छुपकर निज शैली
भूगोल का अतिक्रमण होता है।
छल बल से स्वयं श्रेष्ठ बताकर
बलत्कार संस्कृति से होता है॥

इस्लामी बुर्के में अरबी
सेवा के चोंगे में पश्चिम।
गंगा को कुत्सित करते हैं
भारत का रूप बदलते हैं॥

ईशा इस्लाम का स्वागत है
विचारों का अभिन्दन है।
शैली पहनावा मत लादो
भारत को भारत रहने दो॥

अधिकार

(1)

फुल सुकोमल सुंदर सुंदर,
रंग बिरंगे बिखरे बिखरे।
हरी सेज पर दिशा दिशा में,
आकर्षण हर आँख आँख में॥

सौन्दर्य छटा पाँख पाँख पर,
आँख टिकी शाख शाख पर।
मन मोहित मेरा बिवश हाथ,
कसमसा उठा पाने को पास॥

आतुर हो चल पड़ा हाथ
"खबरदार" आयी आवाज।
मत तोड़ मुझे, तुझको नहीं,
मैं ललचा रही भ्रमर को॥

मोहक सौन्दर्य के रंग तरंग से
आये कर जाये परागण॥
मेरी सन्तति आगे बढ़े,
गतिशील रहे मेरी बीज धारा॥

स्रष्टा की सृष्टि जीव की धारा,
सनातन जीवन अमृत धारा।
क्या जीने का अधिकार तुझे ही,
या जीने का अधिकार सभीका॥

रुक! सोच विवेक से अभिमानी!
तू धरती का परम ज्ञानी
निज लोभ पर रख नियंत्रण
मर्यादा का मत कर उल्लंघन॥

(2)

लाल लाल सिंदुरी आम
फल राज रसमयी रसाल।
देख नयन ललचा रहे हैं,
मन बेचैन पाने को पास॥

जिह्वा बेचैन मुंह में लार,
आदेशित कर लावो हर हाल।
पत्थर डंडे से हुए प्रहार,
बचता रहा पल पल फलराज॥

नहीं बचा बचने का आश।
चीख उठा मूक बेवश फल राज।
मत तोड़ मुझको छोड़ मानव,
विधि ने बनाया मुझे निज काज॥

तैयार टूटने को पका रंग बिरंगा
रसीला घट प्रतीक्षा रत खग का।
आये ले जाये करे चोंच से खंड खंड
कुछ पिये कुछ गुठली को छोड़े॥

मैं बनू पुन: एक बृक्ष सघन
सृष्टि रहे आबाद जीवन धारा।
जीने-बढने का अधिकार सभीका
सम्मान कर,चले सभी बीज धारा॥

आंगन का विद्रोह

आंगन का विद्रोह
द्वार पर दस्तक देता।
कुछ बाहर कुछ भीतर
जड़ता को टक्कर देता॥

आहत मन का दर्द
पिघलता आंसू बनता।
कभी निकल कर बह जाता
कभी हृदय में जलता रहता॥

शालीनता की सीमओं में
कब तक आग दबी रहती।
कहीं लहर तो फूटनी थी
कहीं धुआं निकलना था॥

सदियों की पीड़ा छाती में
छुपाये सब कुछ सहती आयी।
निज को न्यौछावर करके
मान पुरुषों का रखती आयी॥

कहीं शालीन इशारों में
कहीं विद्रोही तेवर में।
कहीं समता प्रदर्शित कर
असंतोष जताती॥

नयी सदी

नयी सदी का ढोल पिटता
कैसा गर्जन तर्जन है।
आधी रात को पश्चिम से
नयी सदी का आगमन है॥

ना सूरज ना ऊषा की लाली
अगहन की रात ठिठुरती काली।
आधुनिक भारत जाग रहा है
नयी सदी का मंगल मांग रहा है॥

मदिरा पी कर ऊधम मचाता
उदण्ड आवारा उत्सव करता।
आधी रात को कान के परदे
पटाखों से घायल करता॥

कैसा बेमेल यह धन्धा है
घोड़ों में गदहा बिकता है।
भेड़ चाल में अँधा होकर
पश्चिम के पीछे चलता है॥

दो सदियों के संगम को
साक्ष्य भाव से देखा है।
आओ मित्रों तुम्हें दिखाएँ
क्या क्या हमने देखा है॥

नयी उम्मीदों आशाओं के
सपने मधुर सलोने हैं।
सारी धरती सबकी हो
पग पग प्रेम के सोते हों॥

गयी सदी में गुलामी के
जंजीरों को तोडा है।
नयी सदी के अंधेरों में
उम्मीदों का मेला है॥

भौतिकता के शिखर बिन्दु
पर मानव डेरा डाला है।
पर समृधि को कुछ लोंगों ने
निज सीमाओं में घेरा है॥

भूख गरीबी का अँधेरा
मानवता को घेरा है।
पश्चिम ने बाज़ारवाद का
नारा नया उछाला है॥

भूख गरीबी अशिक्षा को
जनसंख्या से जोड़ा है।
धरती को बाड़ों में बदला
नेशन वाद का नारा है॥

सौ सौ एकड़ में एक एक हैं
एक एक एकड़ में सौ सौ हैं।
बन्दूकों की दादागिरी
स्वयंम को श्रेष्ठ बताते हैं॥

साम्य बाद को दफन किया
गाँधी को नकारा है।
लोकतंत्र को पूंजीपतियों ने
सुबिधा का तन्त्र बनाया है॥

मानव मूल्य तिरोहित होते
बाज़ार मूल्य की बोली है।
सदबुद्धी दे सबको दाता
हुकुम चलाती गोली है॥

आतंकवाद का साया है
सरकारें बैठ कर रोती हैं।
जान माल की कीमत भी
पल में कौड़ी होती है॥

एक उम्मीद बस बाकी है
कोंख रात की जितनी काली।
चाहे कोई कुछ भी कर ले
एक सूरज पैदा कर जाती॥

हार गया श्रमिक!

धुल मिटटी
परत दर परत
चढती उतरती है
धुलती है पल पल
पसीने की बूंदों से
इबारत लिख जाती है
श्रम एव जयते
वदन पर हर जगह जगह ॥

मानवता ने लिखी
पावन किताबों पर
सत्य मेव् जयते
मन्त्र शर्माता है
पसीने की पवित्रता
गंगा लजाती है
देख बदहाली
श्रम की जगह जगह ॥

कांईया दिमागों में
कुछ पलता ही रहता है
हर दम कहीं कुछ
जलता ही रहता है
सिद्धांतों के नाम
लहू बहाकर
बुद्धि विलास के जाल में
फंसता रहा हर जगह जगह ॥

ईज्जत आजादी की जंग
लड़ते रहे सदी सदी
गैरों से जीते मगर
अपनों के जाल में
फंसते रहे घड़ी घड़ी
पता चलता ही नहीं
कहाँ कुलबुलाता है
कीड़ा शोषण का जगज जगह ॥

ईज्जत आजादी आराम
लुभाता रहा बुलाता रहा
सदियों से हमको
हराता रहा जीताता रहा
कभी अपनों के जाल में
कभी गैरों के फ़ांस में
फंसाता रहा रुलाता रहा
छलता रहा हर जगह जगह ॥

छल कपट फरेब को
धर्म प्रगति विमर्श के
सुनहरे आवरण में
भाग्य कर्तब्य के नामपर
सब कुछ छीन लिया
श्रम एव जयते कहते कहते
हार गया हर दम
श्रमिक हर जगह जगह ॥

अधूरे ज्ञान के छल से
आहत विद्रोह कर दिया है
श्रमिकों ने श्रम से
पसीने ने बदन से
शारीरिक श्रम
शर्म बन गया है
विवशता का अंतिम
अस्त्र है जगह जगह ॥

श्रम करता हुआ
पसीना बहाये
हिकारत की नजरों से
स्वयं को बचाए
कैसी बेबसी है
हम कैसे हो गये हैं
श्रम और ईज्जत के बीच
एक लकीर है जगह जगह ॥

मन्त्र बीज रह रहकर
कोंपल दिखाता है
वैदिक ऋचाओं ने
हर दम उभारा था
चार्वाकों ने गाया
बुद्ध ने सजाया था
विज्ञानं ने नंगा कर
नचा दिया जगह जगह ॥

द्रब्य की सत्ता है
विज्ञान का जामा है
वजूद ये तेरा मेरा
द्वंद में समाया है
करुणा प्रेम मानवता
तिजारत के बटखरे हैं
दौलत की ताकत ने
श्रमिक को दबाया जगह जगह ॥

गजल

कौन किसको याद करे
कौन किस से बात करे।
हर कोई मशगुल है
अपने ही ख्याल में॥

इस शहर को सजाया है
तिजारत के सपनों ने।
आदमी अकेला है
अपने ही ख्याल में॥

फुर्सत नही किसी को
इस आदमी के जंगल में।
सोने का पिंजरा है
निजी स्वार्थ के ख्याल में॥

दूर अँधेरे में कोई
आदमी का साया है।
डर से पसीने छुट गये
कुछ अपने ही ख्याल में॥

दौलत का जनून है
दौलत ही पहचान है।
इंसानियत के मुल्य सारे
दम तोड़ते ख्याल में॥

पहचान आदमी की महज
उसका आदमी होना होता।
चमक दौलत की पहचान
न होती मेरे ख्याल में॥

ये शहर खुशियों का
शानदार शहर हो।
एक ही चेतना सबमें,
समझ हो सबके ख्याल में॥

गजल

सवाल ही सवाल, कितने सवाल हैं
ढूंढता जबाब हूँ, मिलता सवाल है॥

पग पग पर टोकते इक-इक सवाल है
इतने सवाल हैं यह भी एक सवाल है॥

कितना जबाब दूँ कितना हिसाब दूँ
सवाल काजबाब स्वयं एकसवाल है॥

चाँद काख्वाब कहीं रोटी का सवाल है
ऐशकीबहार कहीं जीनेका सवाल है॥

किसान मजदूर गरीब के सवाल पर
सुनता नहीं कोई बहुत बड़ा सवाल है॥

सवाल सवाल युद्ध में रहगया सवाल है
मायूसी जबाबकी अनसुना सवाल है॥

जोंक

संवैधानिक आवरण में लिपटी,
पक्ष विपक्षी जोंके चिपट गयीं हैं
आओ उन्हें खिंच कर हटायें,
मां का खून पी रही हैं।1

दर्द से छटपटातीं बिलखती
कुपोषित बच्चों के लिए।
सुखी पसलियो में सटी,
छाती में दूध ढूंढ रही है॥

अघाये लोंगो के लालच,
कानून बन डरातें है।
अपने ही लोंगो का लहू
चाव से पीते हैं॥

तुलसी

आंगन की तुलसी रूवांसी खड़ी है।
मुस्काती महल में नागफनी दिलजली।

आदर से पली जन जन से पूजी
गुणों की मलिका सदियों से सजी।
उपेक्षा अपेक्षा के द्वंद में फंसी
पश्चिम की नकल कद्र बदलने लगी॥

शिक्षा का असर नजर फिर गयी
धरती की भाषा सिसक सी रही।
पहनावा शैली ठगी सी गयी
पूरब की धरती पश्चिम से रंगी॥

सरे तर्क पीछे अब देखा देखी
धरती के बेटों में बाजी लगी।
बाजार की आंधी कुछ ऐसी चली
बिकने को गंगा बाहर खड़ी॥

डालर काबिज हुआ इस तरह
दुनिया के बंधन खिसकने लगे।
करीबी के दायरे कुछ ऐसे बढ़े
सीमाओं के अर्थ भी बदलने लगे॥

कहीं धन के टापू उतराने लगे
कुछ मस्ती में डूबे मंडराने लगे।
ठगे से हम देशी ग्रामीण रह गये
काहिली असभ्यता के तमगे लिए॥

सरकारें नतमस्तक होने लगीं
वोट के हम मशीन बन गये।
सब बिकने लगे हम भी बिक गये
मुल्य सारे के सारे धरे रह गये॥

सपने और बाजार

सपनों के सौदागर,
सपने बेंच रहे हैं।
विश्व बना बाजार,
सब कुछ बेंच रहे हैं।

बंद खुली आँखों में,
सपने बाँट रहे हैं।
सपनों के दीवाने,
सपनों में जी रहे हैं॥

सपने हों साकार अभी
सब कुछ दांव लगा दूँ।
मेरा मुझको मिल जाये,
दुनिया में आग लगा दूँ॥

मैं हूँ मेरी ताकत,
सबका मुल्य लगा दूँ।
बाजार बनी है दुनिया,
सपनों का मुल्य लगा दूँ॥

निज में केन्द्रित सपने,
अपने अपने केंद्र बने हैं।
टकराव के बने अखाड़े,
बड़े बड़े बाजार खड़े हैं॥

बाजारों में पैसे वाले,
मोंले तोलें सपनों को।
सुनी सुनी आँखों वाले,
देंखे बदलते अपनों को॥

आगे बढ़ने की होड़ लगी,
दुनिया अपनों को छोड़ चली।
लक्ष्य का लालच नशा बना,
सब कुछ पीछे छोड़ चली॥

बाजार लगाती बोली है
"ना" पर चलती गोली है।
सपनों का केंद्र बनी पूंजी,
मानव की लगाती बोली है॥

सपनों का ब्यापार चला,
ब्यापार का सपना कहाँ गया।
स्वप्न देखने वालों का,
अपनों का सपना कहाँ गया॥

बन्द खुली आँखों से,
एक सपना गाँधी ने देखा।
सपनों को पल पल जी करके,
आजादी भारत का देखा॥

सपनों का ब्यपार नहीं,
सपनों को जीना सिखलाया।
कोटि कोटि जन को संग ले,
संग संग चलना दिखलाया॥
होड़ नहीं बाजार नहीं,
सहआस्तित्व की बात कही।
जियो और जीने दो,
अपरिग्रह को जीवन मंत्र कही॥

कूड़े में बचपन

आँख मसलते
उनींदे बच्चे
मैले कुचैले अधनंगे
नन्हे नन्हे कंधों पर
खाली बोरी लटकाए
कूड़े की खोज में
निकल पड़े रोजी कमाने
किरन फूटने से पहले
आधा शहर सो रहा है
उनके उठने से पहले ॥

सुबह की शैर करते
सभ्य शहरियों के इर्द गिर्द
तिरस्कार के तीरों के बीच
भौंकते कुत्तों से बचते बचाते
सोने की तरह कूड़ा तलाशते
शहर की सफायी में
रोजी कमाते
अधिकारों से अनजान
संबिधान की छांव में
भारत के छोटे छोटे बच्चे ॥

रिसता लहू
जख्मी पांव से
धंसा हुआ कांच
दांत भींच कर खींचता है
पेशाब से घाव धोकर
कूड़े में पड़ी पट्टी लगाता है
लंगराता चुनता कूड़ा
बोरी भरने की चिंता में
घाव का दर्द चबाता है
देश का छोटा सा बच्चा ॥

कूड़े से भरी बोरियां
दीवार की छांव में रख
थके हारे बच्चे खेलते हैं
खैनी बनाकर बांटते खाते
बीडी की टुक्की के सुट्टे लगाते
हँसते खिलखिलाते आपस में
गोटी गोटी खेलते है
गाली गलौज करते हुए
अपना बचपन सजाते हैं ॥
भारत के छोटे-छोटे बच्चे

संविधान का राज है
समान अवसर
न्याय का सपना था
अब राज बजार के हवाले है
बाजार अवसर दिलाता है
कूड़े को सोना बनाता है
भूखे प्यासे मेहनत कराता है
सफायी में योगदान कराता है
अपने ही बच्चों का बचपन
बाजार में बेच देश धनी हो रहा है॥

बाल श्रम निरोधक कानून
सरकारी आदेश कागद पर
जनता का पुत्रवत पालन
राज धर्म परिभाषा कागज पर
बच्चे जमीन पर नालियों में
पन्नी और कागज चुनते हैं
बचपन बेच पेट की आग बुझाते हैं
दुनिया का सबसे बड़ा लोकतंत्र
कुछ कागजी कुछ जमीनी
कानून से चलता है॥

रोटी कमाना
जीवन का मन्तर
बचपन में सीख रहे हैं
समय क्यों गवांये
खेलने और पढ़ने में
पढ़कर कौन सी नौकरी मिलनी है
खेल कर कौन सा तेंदुलकर बनना है
बदहाली में परदे के लिए
कुछ वसूल बन जाते हैं
घर चलाने के लिए॥

घर पर बेकार खेलता है
इधर उधर शैतानी करता है
खाने की चीजें मांगता है
रोज आते उलाहनों से
झगड़े का डर बना रहता है
तू बेचन के साथ दिल्ली जा
कुछ काम कर लेना
दो सौ रुपैया बेचन भेज देगा
घर चल जायेगा
तेरा जीवन बन जायेगा॥

अधिकारों की बात

आओ बच्चों और जवानों
अधिकारों की बात करें।
जिसने लुटा हक हमारा
उन दुष्टों का संहार करें॥

लाल किले पर चढ़ कर देंखे
दिल्ली से ऐलान करें।
झुग्गी झुग्गी बस्ती बस्ती
बच्चों को अधिकार मिले॥

जिस धरती पर जन्म लिए
सब जन को सम्मान मिले।
युवकों को रोजगार मिले
बुजुर्गों को आदर मान मिले॥

नारी को सम्मान सुरक्षा
समता का संसार मिले।
अपनी धरती पर सबको
ब्यवस्था का अधिकार मिले॥

एक लड़ाई और लड़ेंगे
गरीबी और अज्ञान से।
अपना हक हम लेकर
रहेंगे अज्ञान से अत्याचार से॥

सरकार करे पूरी अपनी
जिम्मेदारी विधान की।
सबको शिक्षा सबकोअवसर
समाजिक न्याय की॥

अंतिंम दम तक जीवन जबतक
परिवर्तन की बात चलेगी।
अंतिम जन जब तक बाकी है
अधिकारों की रार चलेगी॥

26 जनवरी

गंणतन्त्र दिवस
छब्बीस जनवरी
चमचमाती कारों के
आगे पीछे फिरता
चौराहे पर करता चिरौरी
अंदर बैठे साहब
मैडम समझेगें,
समझता है
खायेंगे तरस मुझपर
खरीद लेंगे तिरंगा
आखिर राष्ट्र का झंडा है
सोचता है बच्चा !

आज का दिन
क्यों मनाते हैं?
क्या पता झंडा
क्यों फहराते हैं?
इन सवालों से
क्या लेना देना
झंडे का मौसम है
कुछ पैसे कमालो
एक पेप्सी पीनी है
गुटखा खाना है
कुछ बचाकर देना है
बच्चे को समझाता बच्चा !

वो आया था
झोला लिए
कुछ बच्चों की,
अधिकारों की बातें बताता था
पता नही क्या था?
कुछ दीखता तो है नही,
समझ नही आता।
छोड़ो चलो
लालबत्ती हो गयी
कुछ और झंडे बेचो
कुछ और पैसे कमा लो।
कारों के बीच खतरों में
दौड़ता है इस देश का बच्चा!

कैसे भूख मिटायें!

नींद नयन से कोसों दूर
उलझा हूँ भवंर में यादों के।
खट्टी मिठ्ठी कड़वी तीखी
जीवन के जड़ जंजालों में॥

इस करवट कभी उस करवट
पेट के बल कभी पीठ के बल।
उठ बैठा कभी खड़ा हुआ
चलती सांसों में मरा हुआ॥

आज की खर्ची खतम हुई है
जोगाड़ नही कल का कोई।
पत्नी की सुनी आँखों में
खुमार नहीं पहले सा कोई॥

पेट काटकर फ़ीस जुटायी
बच्चों की पूरी करी पढ़ाई।
कल के सुख सपनों के खातिर
आज का सब कुछ भेंट चढ़ाई॥

कल तो कल था कभी ना आया
भाग्य ने भी अंगूठा दिखलाया।
बेकारी सपने कई टूक किये
कर्जों ने सब कुछ लुट लिए॥

पुरखों की धरती रेहन पड़ गयी
घर साहूकार को भेंट चढ़ा।
पट फटा हुआ सौ पेबंद हो गयी
ईज्जत जयद्रथ को भेंट चढ़ा॥

पेट पीठ में सटा हुआ
बिहटी में घर की लाज छुपायी।
भूख से आकुल मिमियाते
बच्चों की कैसे भूख मिटायें॥

नूतन वर्ष

नये साल की नयी सुबह है
नयी नयी कुछ बात करो।
कल के वाद विवादों में
आज को मत बर्बाद करो॥

नयी दिशा और नया लक्ष्य हो
सबमें मानवता का पक्ष हो।
अधिकार की बातें न्याय की बातें
असर दिखाएँ सदभाव जगाएं॥

नया साल

हर साल की तरह,
एक साल आने वाला है।
कुछ बदलाव नया हो,
नया साल आने वाला है॥

जीवन में खुशबु खुशियाँ,
समय के साथ साथ।
आती जाती रहती है नये,
जज्बात करामात के साथ॥

नये नये जज्बे जेहन में,
कुछ कर गुजरने को।
सबके साथ मुस्कराने को,
जगह दे दो नया पाने को॥

अंतिम आदमी के साथ,
पसारे जवां पंखों को।
एक उड़ान उत्साह के साथ,
आओ भरें इस साल में॥

इस समय की रंगोली को,
अदभुत रंगों से सजाएं।
मंगल हो !नया साल मनायें
आओ, कुछ नया कर दिखाएँ॥

नव वर्ष

अबाध काल निःशब्द गुजरता,
दुरी जाने कब से कब तक।
अब तक की गिनती में जाता
कलैंडर की बाँहों में बहता ॥

कसा कसा सा कसमसाता
खिसक खिसक कर आगे बढ़ता।
दिन रात, पख मास, सप्ताह,
युग साल शतक सहस्त्राब्दी में ॥

गणना की फांसों में अटकअटक
मौसम से मौसम फिसल फिसल।
मचल मचल कर मुट्ठी से
समय रेत की तरह फिसलता ॥

अनवरत अशब्द मंथर गतिशील
अविरल आदि अंतहीन कालचक्र।
असद् अभिमान तमस मृत्यु को
कुचल, दस्तक द्वार पर देता ॥

नव वर्ष स्वागतम सुस्वागतम

मंगलमय हो नवसंवत्सर

भीनी भीनी सुगंध पवन प्रवाह
आम्रमंजरी महुआ मकरंद मादक।
पल्लव वितान तरूवर मदमस्त
अनंग व्याप्त तन मन जन मगन॥

मुस्काता बसंत पतझड़ पाटता
प्रकृति इठलाती नव यौवना सी।
रुप मोहक गंधमादक शब्द संगीत
नवसंवत्सर नव जीवन नूतन संदेश॥

चैत्रशुक्ल प्रतिपदा पावन महान्
विक्रम संवत सनातन प्रवाह नूतन।
मंगलमय हो नूतन प्रभात भारत
स्वर लहरी कोकिला मधुर तान॥

पर्यावरण

चांद बेमतलब हुआ
चांदनी भी छीन गयी।
प्रियतम तेरे सौन्दर्य की
तुलना अब किससे करूं॥

बदली हुई बयार में
दुर्गंध कैसी छा गयी।
मंद मंद शीतल समीर
स्पर्श सहसा लुप्त हुई॥

यमुना की कल कल निनाद
अतीत में कहीं सिमट गई।
निर्मल जल की उर्मियां
कालिमा क्यों निगल गई॥

शहरों की चकाचौंध में
गांव की गरिमा डूब गयी।
विकृत विकास की आंधी में
नदियां नालों में बदल गई॥

बिजली से रोशन शहरों में
चांदनी कहीं ओझल हुई।
पूनम अमावस निगल गई
प्रकृति कहीं ओझल हुई॥

प्रकृति जो अंश श्रेष्ठ है
दिग्विजय की राह पकड़ी।
सुविधाओं का लोभ लालच
आत्म हत की राह पकड़ी॥

कृतघ्न

यह कैसा करवट माँ ने फेरा,
कुचल गये तेरे बच्चे सारे।
पुत्र कुपुत्र तो होते आये,
तुझे कुमाता कैसे माने?

एक छोटी सी करवट तेरी,
सब तहस नहस कर डाला।
कैसे हुआ अनर्थ यह माता,
छाती पिलाकर जिनको पाला॥

जिस करवट में भूखा बच्चा,
जीवन पा किलकारी भरता।
आज यह कैसा प्रलय हुआ,
गोदी में मर गया सोता बच्चा॥

तिनका तिनका जोड़ जोड़ के,
जिस घर का निर्माण किया था।
वही मृत्यु का कारण बन गया,
विधि ने कैसा विधान किया था॥

शर्मिंदा श्मशान सिसकता,
कब्रों की गर्दन झुकी हुई।
नगर नगर श्मशान में बदले,
बस्ती बस्ती खाक हुई॥

यह प्रलय का कैसा झोंका,
तिनका तिनका उजड़ गया।
मलवों में जीवन दफन हुई,
नृत्य मृत्यु का तांडव छाया॥

माँ क्यों चुप है बोल न तू,
दंड दिया तो दोष बता तू।
बच्चे थे ऐसा क्या कर डाला,
नयनों में खून उतर क्यों आया?

सियार फेकरते कुत्ते रोते,
गिद्ध नाचते गली गली।
मृत्यु मंडराती दहशत करती,
रोता जीवन गली गली॥

मेरे संतानों में सुंदर बुद्धिमान,
सबल सुजान तू ही मानव।
मेरे रक्त मांस से विधि ने
रचना की चेतन अद्भुत॥

अष्ट प्रकृति षोडश विकार,
अद्भुत क्षमता शक्ति अपार।
विधि की रचना सर्वश्रेष्ठ तू,
श्रृष्टि का चरम् विकास॥

आशाओं का प्रखर पुंज बना,
विधि भी निष्काम न रह पाया।
सृष्टि को संवारने संभालने का
दायित्व भी तेरे सिर आया॥

पर तू कृतघ्न तामसी निकला,
प्रथम दंत प्रहार कर बिहंसा।
तिल मिला उठी छाती पकड़,
छत किया वहीं जो जीवन झरना॥

तेरा सुख साधन बनता विकास,
स्वार्थ सिद्धि सर्व श्रेष्ठ ज्ञान।
स्वार्थ का बढ़ता घरौंदा,
देश बने कंटीले बाड़॥

तेरी जिज्ञाषा कंटीली करती,
हृदय मेरा तार तार विछिन्न।
मेरे रहस्यों को ही जान समझ,
करते विनाश मेरा बार बार॥

एक तू ही नहीं, और भी हैं
सन्तान मेरी, निर्बल ही सही।
त्रस्त तेरे स्वार्थ हत से पीड़ित,
जीने दो उनको भी यहीं जीवन॥

प्यारी यमुना

निज स्वार्थ में नदियों को रोका,
नष्ट किया सारा पर्यावरण।
बची जो तेरे तमस ज्ञान से,
नगरों के मल से किया मलिन॥

हाय री मेरी प्यारी यमुना,
गंदे नाले में बदल गयी।
दिल्ली कैसी निष्ठुर होगयी,
जीवन पा तुझसे बदल गयी॥

जाने कहां गये वो दिन!

जाने कहां गये वो दिन
मस्ती भरे सुनहरे दिन।
भूरे बालू के घरौंदों में
बिछे हुए सपनों के दिन॥

लज्जा से अनजाना मन
चिंता से बेगाना मन।
पढ़ने से कतराता मन
भरपूर उमंगों के वे दिन॥

पढ़ने लिखने काम की बातें
साफ सफाई खलती थी।
धूल सने संगियों के साथ
छूपन छुपाई खेलने के दिन॥

ओल्हा पाती छुवन-छुवाई
चिक्का कबड्डी बिछुआ खेल।
खाने पीने की सुध नहीं
मां के मार प्यार के वो दिन॥

ऊजर ऊजर ओस की बूंदे
हरी सेज पर बिछी हुईं।
छन छन चुभती पांवों में
माघ पूस के वे ठंडे दिन॥

किरन फूटने से पहले
ऊंख छीलने जाते थे।
नंगेपांव ठिठुरते गांती में
घाम सेंकने के वे दिन ॥

रात अंजोरिया माघ महीना
कलुहाड़े में गुलवर के पास।
महिया खखोरी गरम गुड़
लवाही चिभने के वे दिन ॥

कोदो का पूअरा पहल गरम
आजी संग सब सोते थे।
सुनते सुनते कब नींद लगी
किस्से कहानी सुनने के दिन ॥

कउड़ा को घेरे बैठे लोग
खोर खोर कर सेंके आग।
खबरें सारी गांव जवार की
कहने सुनने के अपने दिन ॥

लू बरसती दोपहरी में
आम अगोरते बीनते थे।
पके आमों के टोह में
भीगे आम चूसने के दिन ॥

मेरा सफर

देखता दुकान को
टटोलता हूँ जेब को।
सोचता ही सोचता
दुकान से गुजर गया॥

प्यास को पीते हुए
भूख को खाते हुए।
कोसता हूँ भाग्य को
बाजार से गुजर गया॥

अतृप्त रह गया सदा
उम्मीद को थामे हुए।
बारी के इंतजार में
देखता ही रह गया॥

अभाव को जीते रहे
आदर्श को गाते रहे।
तल्खियाँ यथार्थ की
दे गालियाँ गुजर गयीं॥

सिर झुका सके नहीं
ठोकरें खाते रहे।
अवसर के इंतजार में
उम्र ही गुजर गया॥

खुद को बचा सके नहीं
सबको बचाने चल पड़े।
नाकामियो के बीच से
सिर झुका गुजर गये॥

तटों में फंसे हुए
सिन्धु को तरस गये।
छटपटाते रह गये
बूंद बूंद गुजर गये॥

वेबसी

वेबसी की तपिश में
मान का पर्वत पिघलता।
फूटता हृदय अचानक
सैलाब आँखों में उमड़ता॥

जी लगाकर रोकता है
सूख जाये शून्य में ही।
कोई दीनता न देख ले
बच जाये मान शून्य में ही॥

अंतर सुलगता रह गया
कब धधक जाये क्या पता।
हो वेबसी का तार तार
मिट जाऊ ही मैं क्या पता॥

रुक जाये अंतर की ज्वाला
पल जाये निरंतर धैर्य से।
विजयश्री वरन करेगी
चमकेगा कण कण शौर्य से॥

तलाश

प्रतिकूलता में ढूंढता
अनुकूलता को रह गया।
दुश्मनों के बीच एक
दोस्त की तलाश थी॥

सुबह को चला था घर से
शाम आ खड़ी हुई।
पगडंडियों में संग संग
हमराही की तलाश थी॥

उम्र के सफर में लोग
मिलते गये बिछुड़ते गये।
कोई तो साथ रुक जाता
एक साथी की तलाश थी॥

गाँव गाँव शहर शहर
चलता रहा घूमता रहा।
स्नेह से सनी सनी
एक ठौर की तलाश थी॥

सोये सोये जागे जागे
ख्वाब देखता रहा।
इन यादों की बरात में
माधुर्य की तलाश थी॥

साथ

दुश्मन की मार है, दोस्त की नकार है।
राह रपटीली है, यात्रा जरूरी है॥

फुल फीके फीके हैं, उफ़ कितने कांटे हैं।
मंजिल बड़ी दूर है, राह अनदेखी है॥

सपने सुहाने है, मंजर अनजाने हैं।
झिझकते कदम, झकझोरती समझ है॥

पांव रुक जाते है, नजर पीछे देखती है।
सुलझाउं जितनी, उलझती ही जाती है॥

कैसी मजबूरी है, हाथ भर की दुरी है।
सामने ही गाँव है, विद्रोह करते पांव है॥

पगदंडीयां पहाड़ की, रूकती नहीं कहीं।
पांव देते साथ नहीं, मन की होती बात नहीं॥

गगन की ऊँचाईयां, उड़ने की चाह है।
बादलों की बेवफाई भींगने की चाह है॥

आस टूटती नहीं मनमीत की ललक है।
बुझते दीयों में एक ज्योति की ललक है॥

ठिठके पांवों को एक ठीकाना मिल जाये।
दूरी सिमट जाती प्रिय साथ मिल जाये॥

मुक्तक

हम भी गये थे सुदूर देशों में
बुद्ध का प्रकाश लिए पावन।
बिनु बदले वेश देश के बदले हृदय
जन को दे हर पहचान को सम्मान॥

तू मुस्लिम बन या ईसाई तेरी मर्जी है।
धरती की पहचान बरकरार रहने दे॥

दिल्ली सल्तनत का स्वामी
शरीयत नीती से भ्रमित हुआ।
पन्थ नीति और राजनीती
मिल मुगलों का अहित हुआ॥

अपना मजा है

ये जिन्दगी तोहफा खुदा का
कौन कहता ये सजा है।
जीने का अंदाज अगर हो
हर उम्र का अपना मजा है॥

कभी ख़ुशी कभी गम के बादल
कभी गरजते कभी बरसते।
भींगने का अंदाज अगर हो
हर आंसू का अपना मजा है॥

दोस्तों में दुश्मनों को
ढूंढते हो क्यों 'भरत'॥
निभाने का अंदाज अगर हो
हर दोस्त का अपना मजा है॥

दुश्मनों में दोस्तों की
हर घड़ी तलाश है।
पाक नियत है अगर
हर रंजिश का अपना मजा है॥

नेकी में मरना दर्द पीना
कौन चाहता है 'भरत'।
इंसानियत का नूर हो
हर दर्द का अपना मजा है॥

गोरे काले सांवले
रंग बिरंगे लोग हैं।
खुबसुरत है नजर
हर रंग का अपना मजा है॥

कभी सर्दी कभी गर्मी
कभी बरसात होती है।
खुशमिजाज है अगर
हर मौसम का अपना मजा है॥

फूलों की गुदगुदी हो
या चुभन काँटों की।
संकल्प सच्चे हो
हर राह का अपना मजा है॥

यहाँ वहाँ कहीं भी
सात समन्दर पार भी।
अपनेपन का भाव हो
हर देश का अपना मजा है॥

भटके नाविक

चिड़ियों की चह चह चू चू गीत
झरने से झड़ता झर झर संगीत।
न्यौता देती पल पल प्रकृति
शीतल सुंदर यौवन मन मीत॥

चटक पुष्पों की मोहक रंगत
भ्रमर की मधुर मधुर गुंजन।
समीर की शीतलता सहलाती
फिर भी राग द्वेष का चिन्तन॥

शीतल सुंदर सौम्य चांदनी
स्वर्ण लुटाती भोर की लाली।
कोयल गाती मधुर रागिनी
तन मन में अदभुत छंद जगाती॥

नैसर्गिक सुख से सजा हुआ
सेज कुदरत का बिछा हुआ।
क्यों मन में अह्ल्लाद न आया
कलुष मन का मिटा न पाया॥

सुख सागर में सुख से बंचित
सागर में प्यासा भटके नाविक।
सब कुछ लगता अर्थ हीन
चंचल मन भटके अर्थ हीन॥

गीत

आओ आओ मिलजुल,
गायें समरसता के गीत
भिन्नताओं के पर्वत पिघले
सजती सरिता संगीत -----

भिन्न भिन्न रंगों के फुल खिले हैं
भिन्न भिन्न फूलोंके रंग मिले हैं
बाग को आकर्षित करती हैं
सेज सुन्दरता की सजती है
भंवरों की दीवानी टोली,
गाती फिरती नव गीत ---
आओ आओ मिलजुल गायें समरसता के गीत-----

इस देश कोई उस देश
इस मजहब कोई उस मजहब
इस विचार कोई उस विचार
यह मानवता की सुन्दरता है
इस विविधता की कथा कहानी,
कण कण गूंजे गीत-----'
आओ आओ मिलजुल गायें, समरसता के गीत ॥

भारत की रीत सदा से
कबिरा गाता गीत सदा से
राम कृष्ण की यही कथा है
यही गाँधी की मर्यादा है
सारी दुनिया थिरकन लागे,
यही भारत की संगीत ----
आओ आओ मिलजुल गायें, समरसता के गीत -----

पुलिस

खाकी वर्दी में काफी दम है
सोचो समझो जितना भी
घोड़े दौड़ाओ अंदाज लगाओ
उतना ही कम है।
जन जन का विशवास
ताग ताग में ताकत भरती
झुकी रीढ़ की हड्डी तन जाती है
हममें से ही एक अक्सर
वर्दी में अजनवी बन
जितना बर्षाये लाठी
उतना ही कम है

"आपके लिए आपके साथ सदैव"
पुलिस नारा देती
हिफाजत करती
जागती दिन रात
कतरा कर्तब्य का
चुन चुन पूरा करती
मुजरिम घूमते खुले आम
कमजोर अंदर होते हैं
बहुबल कभी राजबल
धनबल कभी सम्बन्ध बल से
शासित होते
डाकू आतंकी बन्धु इनके
गरीब शरीफ आसामी
इनकोअंदर करते
पिटते रहते हैं॥

मृत्यु को मारते हुए

मृत्यु सामने खड़ी
डराती है
जिंदगी का हिसाब
मांगती है
मत डरो मत डरो
जिन्दगी फुसफुसाती है
सहलाती है
खड़े रोंगटों को
जो भी किया मेरे लिए
सवांरने और सजाने के लिए
आनन्द का अमृत
चखाने के लिए
मैं हूँ ना साथ साथ आज
कल किसने देखा
जो घबराते हो
आओ साथ
आज में रंग भरते हैं
इस रंगोली पर
"कल" नाचेगा
मृत्यु शर्माएगी
पाकर भी
जिन्दगी मुस्कुराएगी
खोकर भी

आओ अपना पाप पूण्य
मुझे दे दो
धर्मचर आनन्द उपजाओ
सबके लिए साथ साथ
गरल पीते हुए
हंसते हुए
भय के पार
जिंदगी बिंदास
प्रकृति के साथ साथ
सबके साथ साथ
मृत्यु को मारते हुए
हंसते मुस्कुराते हैं
जिन्दगी के साथ साथ
आज के आंगन में
उमंग के साथ साथ ॥

चिंगारी

नन्हीं सी काया में
कैसी चिंगारी है
खर पतवारों को
आग लगाती
लोहे को लाल बनाती
इस्पात बनाती
स्वयं जल जलकर
सोना तप तप कर
कुंदन बनता
क्रांति कराती
परिवर्तन का
ढोल बजाती
कभी न्याय कभी
छल करती है
ढोंग करती है
कभी हारती कभी जीतती
मकड़ी सा जाल बनाती
इतराती है हंसती है
अक्सर रोती रहती है,
फंसती रहती है
जलती है
सूरज बन जाती
बुझती है तो खाक
कुछ नहीं अंगारी है
नन्ही सी काया में ॥

तू भारत है!

नृशंस हत्यारा
अपराधी का बाना
क्योंकर पहना
जो भी कारण हो
कुछ भी करे बहाना,
तू हुआ पराजित
नश्वरता से कैसे
भूल गया क्यों
कुछ भी कर
हत हुआ स्वयम ही
वह भी था
अंश तेरा ही ॥

तू ना समझा
क्यों निज स्वार्थ में
क्रोध से पागल
कांप रहा था
आँखों की ज्वाला से
जग जला रहा था
सोच रहा था
भस्म किया सब
जीत लिया है
भूल गया था
तू कद्दू है
दुनिया चाकू
हार भी जाये
तो भी हरदम
होता घायल तू ही ॥

पर तू तो
बहुरुपिया है
रूप बदलता
कर्मों को निज
परिभाषा देता
दुनिया को
ठेंगा दिखलाता
न्याय कहीं
अन्याय बताता
वर्दी में कहीं
नंगा दीखता
हर ओर तेरा ही
तांडव दीखता
अहंकार का बंदी बन
काम क्रोध के बशीभूत
अनर्थ किया
अब रोता है
पर्वत पर ऊँट भी
छोटा है॥

कैसा दानव
बन जाता
प्यारा मानव
खो जाता
करुना प्यार का
अमृत भी
क्रोधानल में जल जाता
जीवन का भेद
समझ आये
प्रेम के रंग में
रंग जाये
पछतावे के
पावन अग्निकुंड में
दुष्कर्मो का जंगल
जल जाये
हत्या कायर करता
भय से अपराधी बनता
निर्भय बन तू शाश्वत है
रक्षा कर तू भारत है॥

आंसू

आंसू तुम
खालिस पानी तो नहीं
नमकीन लगते हो
भाव जगत की
बुलंदियों से बहते हो
आँखों में तैर कर
छलछलाते हो
चेहरे को
एक अर्थ देते हो
सहन शक्ति की छोर हो
करुणा में बहते लोर हो
पीड़ा की पिघलती धार हो
ख़ुशी की छलकती बाढ़ हो
जो भी हो
सुख दुःख के चरम को
ब्यक्त तुम्ही करते हो
निकलने से पीड़ा कमती है
छलकने से ख़ुशी बढती है
प्रियतम की डबडबाई आँखों में
प्रेम के संदेश हो
शिशु की आवाज हो
बूढ़े की आँखों में
जब छाते हो बेबसी में
मानव सभ्यता पर दाग हो ॥

कर्तव्य बोध

आंधी तूफान धुल कंकड़ की बाढ़
वर्षा की मोटी बौछार चोट करती।

कींचड़ पानी घनघोर भयानक रात
मेढक की टर्रटर्र ध्वनि भयभीत करती॥

ठंड में कंपकंपाती सांय सांय हवा
जिगर से निकालती हिम्मत की हवा॥

झूमते दरख्त काले काले प्रेत की तरह
ना चाँद, ना सूरज ना तारे कोई पता नहीं॥

कड़कती चमकती कभी बुझती हुई,
खींचती सोने की लकीर चपला।

मृत्यु की छाती पर जिन्दगी की तरह
अनंत अंतरिक्ष में सूरज की तरह॥

बंद दरवाजा ढब ढबाता तोड़ता हवा
टूट कर बिखरते कांच खिड़कियों के।

सहमे बच्चे कोने में दुबका नन्हा कुत्ता
पत्नी का भयभीत आग्रह "मत जाओ"

किमकर्तब्यबिमूढ़ खड़ा मैं देख रहा हूँ
सहमे बच्चों को दुबके हुए कुत्ते को॥

पत्नी की उदास आँखे और तूफान को
बिखरे खंडित कांच चरमराते किवाड़ को

बिखरा तहस नहस सामान सारा
बादल की गरज तूफान का शोर॥

बिजली की चमक में भयानक रूप
दूर बाटजोहते साथी कर्तब्य पथ पर॥

जागृत विवेक कर्तब्य बोध आग्रह लिए
पथ प्रशस्त करने लगी कड़कती चपला।

तूफान प्रेरणास्रोत एक मित्र बन गया है
जिन्दगी का अर्थ समझ में आ गया है।

तूफान की जगह साहस का बढ़ता जोर
जूझता हूँ पसीने से लथपथ कर्मपथ पर

मृत्यु भय बिनाश दूर खड़े सहमे हुए
चहकते बच्चे गीत गा रही पत्नी प्रसन्न॥

दर्द

दर्द का एहसास
कहीं से रिसता है
कपोल किसी का
आंसुओं से भीगता है
एक पीड़ा चीरती है
तार तार तन मन का करती
कहीं किसी को जोड़ती है ॥

समेटती कंधा किसी का
फुट फुट कर रोना चाहती
सुख में कौन ढूंढता
कौन किसको पूछता
बात आई और गयी
एक टीस मन में रह गयी
कहीं जोड़ती कहीं तोड़ती
कचोटती जिगर जिगर ॥

आंसू गये जिधर जिधर
छलछला गयी नजर
लिखती है एक गजल
गाल गिले कर गयी
अनकही भी कह गयी
कलम रुक गयी यहीं
क्या बचा जो लिख सकूं
दर्द कम कुछ कर सकूं ॥

गजल

कहीं कोई दर्द सुलगता रहता है।
सब तो है मगर कौन सुनता है॥

हर कोई यहाँ मतलब का यार है।
दिल की गुफ्तगू कौन सुनता है॥

मशगुल हैं सभी अपनी कहने में।
दर्द में डूबी कराहें कौन सुनता है॥

दोपहर तक सभी खासम खास थे।
दिन के ढलान पर कौन सुनता है॥

सुने न सुने खुद ही खुद को सुनते हैं
नींद में हो सभी तो कौन सुनता है॥

लोकशाही

लोकशाही का फरमान
संविधान देता है अधिकार।
समता और सम्मान
बाघ बकरी एक समान॥

उपलब्ध अवसर है
लक्ष्य पाने के लिए।
कौन किसका लक्ष्य है
आजादी चुनने के लिए॥

सिर्फ बदला बदला अंदाज
बकरियों की दहाड़ तो है।
मगर मिमियाते शेरों का राज
आज भी है संसार में॥

कानून बने तलवार
बाहु बली जनसेवक।
आज भी राज उन्हीं का है
जो सदा रहे जन शोषक॥

चश्मा

आज के चश्मे से
कल को देख रहे हो।
शायद इसीलिए कुछ
उल्टा पुल्टा कह रहे हो॥

अटकलें लगाते हो
अनुमान करते हो।
अपनी स्थापनाओं के लिए
जमीन तलाश रहे हो॥

प्राचीन पुस्तकें शिलालेख
खंगालते हो ढूंढते हुए।
स्वयं अमर होने की राह
बीज तलाश रहे हो॥

प्राचीन पुस्तकों शिलालेखों
की क्या कभी सुनी है?
उनके कंधो पर चढ़कर
कुछ का कुछ सुना रहे हो॥

जीवन पथ

पल पल चलता जाता हूँ
जीवन को जीता जाता हूँ।
मोह नहीं कोई द्रोह नहीं
मृत्यु का कोई मोल नहीं॥

आदर्श रहे यथार्थ दिखे
बाधा रोके वह बात नहीं।
आओ मिलकर बात करें
सबके हित में काम करें॥

रगड़े झगड़े कीबात नही
लप्पो चप्पो का काम नहीं।
प्यार की बात करो केवल
काम की बात करो केवल॥

बीत गयी वह बात गयी
रीत गयी वह रात गयी।
आज की बात करो केवल
कल की कोई बात नयी॥

आदमी तुझे सलाम!

तेरी फितरत को
तेरी हिम्मत को।
तेरे करतब को
आदमी तुझे सलाम॥

जय हो तेरी जय की,
हार की भी जय।
अदभुत तेरा जीवट,
जीवट की जय हो॥

ऊँचे तुंग शिखर पर
जीवन ध्वज लहराया।
सागर के तल में जाकर
स्वयं को दर्ज कराया॥

चाँद को पीछे छोड़ दिया
अंतरिक्ष में झंडा गाड़ा।
उत्तरी ध्रुव से दक्षिणी ध्रुव
पग पग डेरा डाला॥

कदम कदम पर अभियानों में
मौत से जा टकराया।
हार ना मानी अंतिम दम तक
जीत का परचम लहराया॥

कदम कदम पर मरता है
पल पल टूटता रहता है।
आस की डोरी ना छूटे
आगे बढ़ता रहता है॥

भूकम्पों में तहस-नहस हो
ज्वाला मुखियों में जलता है।
सुनामी के संकट में भी
तिनके में जीवन ढूंढ़ता है॥

सियाचिन की सर्दी भीषण
कांप कांप कर सहता है।
थार की जलती रेतों में
अविचल जीवन जीता है॥

पर्वत मालाएं काट काट कर
सड़क बनाया दुर्गम तक।
भूस्खलनों में गिरता रहता
फिर चलता है उठ उठ कर॥

जिजीविषा की गाथा अदभुत
रचना की आदत अदभुत है।
कहीं कहीं जीवन सजता है
कहीं बनाता मरघट है॥

डिस्कवरी में बैठ चला
नासा ने हार न मानी।
अन्तरिक्ष में स्वयम को ढूंढे
जीवन की यही कहानी॥

हिटलर बन कर तूने जग में
कण कण में द्वंद कराया।
मन मन में करुणा का सागर
तू गाँधी बन लहराया॥

लेनिन बन कर दुनिया को
मजदूरों की ताकत दिखलायी।
हर मानव में होने का
अदभुत विश्वास दिलायी॥

गुलामी में आग लगाकर
आजादी का अलख जगाया।
सारी दुनिया चौंक गयी
अहिंसा का अस्त्र चलाया॥

हिरोशिमा नागासाकी में
तूने ही कहर बरपाया।
पूंजी और बाजार जाल से
मानव मानव को लड़वाया॥

जल में थल में नभ में नाचे
जीवन का जलवा चमकाया।
पसीने की पावन बूंदों से
धरती का कण कण महकाया॥

जिसको माना बनता ईश्वर
ना माना तो पत्थर।
तेरी सत्ता से ही सजता
ईश्वर की भी सत्ता॥

छोटे मुंह से बात बड़ी
फिर भी बात कहूँगा।
मानव तेरी गाथा अदभुत
जितना गाऊं कम होगा॥

गीतिका

अभाओं का सागर
विशाल गरजता रहा है।
हरपल विपदाओं के
लहरों से लड़ता रहा हूँ॥

जीवन मुल्य नियम
सिद्धांत आदर्शों की नाव।
कसकर पकड़ा पतवार
चप्पू चलाता रहा हूँ॥

जो बस में नहीं था
कभी सोचा ही नही है।
फिसलती हुई मछली
पकड़ता रहा हूँ॥

कभी तेरी जिद्द से
कभी अपनी जिद्द से।
हाथ लिए रोटी
खाली पेट सोता रहा हूँ॥

क्या कहना किसी से
कोई शिकायत नहीं है।
फुर्सत किसे अपनी
अपने से ही कहता रहा हूँ॥

किताब का शासन

शब्दों का उलट फेर
अर्थों को उजागर करते
एक किताब शासनकरती
संबिधान के नाम
सुशासन के नाम
विकास के नाम
प्रगति के नाम
समता के नाम
कुछ लोंगो का स्वार्थ
सभी के नाम
दिया प्यारा सा
कानून का नाम
शर्माती है
आश जगाती है
ओस की बूंदों से,
अधिकारों की प्यास बुझाती है॥

उठ उठ तू जाग जाग तू!

उठ उठ तू जाग जाग तू,
आलस को त्याग निद्रा को छोड़।
कर प्रणाम कर बद्ध प्रभात को,
तमस को त्याग रात को छोड़॥

अबला शब्द अपमान त्याग,
सबला है स्वयंम को पहचान।
अंतर की ज्वाला राह मांगती,
एक बार दुर्गा आना चाहती॥

उठ हुँकार भर फिर विप्लव कर,
दुष्टों का फिर मर्दन कर।
शक्ति स्रोत तू शक्ति दायिनी,
जड़ता को तोड़ नव सृजन कर॥

भोग्या नहीं तू जगत जननी,
सृष्टि की तू आदि जननी।
माँ बहन सुता की मर्यादा,
समता सम्मान संग तू प्रिया॥

उठे नजर कोई कुदृष्टि बनकर,
उठे हाथ कोई बलत्कार बनकर।
फोड़ दे तोड़ दे नव शक्ति बनकर,
सम्पूर्ण का आधा अधिकार बनकर॥

मत रुक मत भयभीत हो,
प्रहार कर अजेय शक्ति हो।
निज शक्ति को तू जान जान,
शत्रु कोई हो तू मार मार॥

संहार तमस का करना ही होगा,
रानी झाँसी बन मरना ही होगा।
हक मांगने पर कौन देता,
हक पर हक तो करना ही होगा॥

निज रूप को तू याद कर,
निज संस्कृति को आत्मसात कर।
भविष्य को तू पालती है,
हे शक्ति वर्तमान का संस्कार कर॥

विलास की इन आँधियों में,
पश्चिम की उन्मादियों में।
एक नजर पीछे भी देख
एक नजर आगे भी देख॥

निज स्थान का कर बोध तू,
उचित अनुचित का शोध कर।
रूढ़ियाँ तोड़ नया कर दे,
भारत को तेजस्वी कर दे॥

बाल विकास धारा

आओ दो दो हाथ बंटाएं
बाल विकास की धारा में।
जड़ता में बारूद लगायें
राष्ट्र विकास की धारा में॥

बच्चों के सुंदर चेहरों पर
निश्छ्ल एक मुस्कान सजाएं।
कथा कहानी खेल प्यार को
बचपन का श्रृंगार बनाएं॥

रोजी रोटी के चक्कर में
पीसता बचपन चलों बचाएं।
आवारा गलियों में फिरता
विद्यालय की राह दिखाएँ॥

माँ की गोद संभाल न पायी
निर्बल नारी आड़े आयी।
माँ की गोद को सबल बनाएं
नारी को मजबूत बनाएं॥

नर नारी सुंदर धरती पर
परस्पर प्राकृतिक पूरक हैं।
स्नेह प्रेम से संचित जीवन
धरती की बड़ी जरूरत है॥

नर नारी दो पहिया जीवन के,
राही है जीवन के मग के।
समता बहुत जरूरी इनमें
कुछ तो बहुत जरूरी इनमें ॥

नर नारी में समता बिनु
संसार अधुरा रह जायेगा।
चाहे जितना प्यार जताओ
कुछ पीड़ा अंदर रह जायेगा ॥

सुंदर एक संसार चाहिये
नारी पीड़ा हरना होगा।
सड़ी गली मिथकों की चादर
त्याग कर्म से चीरना होगा ॥

बेटा बेटी एक कोंख से
कैसा भेद हुआ धोखे से।
मन में धन में दोनों में
समता आये हर कोने से ॥

क्रांति नाद तो करना होगा
कुछ को कुछ तो करना होगा।
नया सबेरा चम चम करता
आएगा, सुंदर संसार बसायेगा ॥

संस्कृति को विस्तार दे दो

उठो ना कुछ कर दिखाओ
सामर्थ्य से जय नाद कर दो।
सत्य अहिंसा न्याय करुणा
धरती को निर्विवाद कर दो॥

बंट गयी है भारत माँ
सरहदों को एक कर दो।
सिन्धु झेलम गंगा यमुना
हिमालय का आंगन एक कर दो॥

छोर से तुम छोर देखो
जिन्दगी की और देखो।
फिसल जाये ना कदम
राह के हर मोड़ देखो॥

करतल में गंगाजल लेकर
लक्ष्य का संकल्प ले लो।
बदल सकते हो तुम्ही बस
मानवता को सुंदर रूप दे दो॥

क्या थे क्या हम हो गये
क्या है क्या हम हो रहे।
कल आज कल में साम्य दे दो॥
संस्कृति को नव विस्तार दे दो॥

अभिलाषा

मानव की अभिलाषा,
भिन्न भिन्न रूप दिखाती।
कभी कभी करुणा,
कभी कटुता बरसाती॥

करुणा की बरसात,
सतयुग लगता है।
कटुता की बरसात,
कलयुग लगता है॥

कभी कभी खिचड़ी पकती है,
त्रेता और द्वापर लगता है।
सतयुग की है कामना
सब चाहें समरस सृष्टि साधना॥

द्वापर को तो कृष्ण मिले,
त्रेता को भी राम।
कलयुग भी निर्मल हो जाय
कब आयेंगे भगवान॥

प्रभात सुंदर

मुक्ति का पावन पर्व दे दो
तृप्ति का मादक पल दे दो।
बन्धनों से उब चूका हूँ
एक नया विकल्प दे दो॥

अस्तित्व का संघर्ष सुंदर
हारता हूँ जीतता हूँ।
जूझता हर बार उठकर
विजय को विस्तार दे दो॥

अमरत्व का घुट्टी पिया है
पराजयों का भय नहीं है।
मृत्यु पीड़ा प्रेमिका हैं
जीवन को विस्तार दे दो॥

मृत्यु एक विश्राम स्थल
दर्द में लिपटी हुई सी।
कोंख में अपने समेटे
चैतन्य एक प्रभात सुंदर॥

पुरुषार्थ

जड़ता को करती दो टूक
जीवन की आशा
पाषाणों को भेद
बहती गंगा की धारा
श्रम सिकरों का तेज प्रखर
प्रज्ञा से स्नेहित होकर
मानव को मिलता विस्तार
ग्वाला भगवान बनता ॥

पौरुष रचता इतिहास
विधाता अनुमोदक है
खिल उठता संसार
दिशाएं सुंदर लगती हैं
पर्वत करता प्रणाम
नदियाँ अमृत देतीं हैं
मानव का इतिहास
सतयुग बनता है ॥

युगधर्म

युगधर्म यही कर्तब्य यही
मानव हित की बात करो।
गड़े मुर्दों से मत खेलो
वर्तमान से दो दो हाथ करो॥

जो बीत गया सो बीत गया
कोई हार गया कोई जीत गया।
कल की बातों से सीखो
आज नयापन से सींचो॥

कल में कुछ भी दम होता
क्यों बीत गया क्यों कल होता।
आज नया सवेरा आया है
नव जीवन संदेश सुनाया है॥

काल चक्र के परिधि पर्व पर
क्या आगे है? क्या पीछे है?
सत्यम् शिवम् सुन्दरम् पथ
निर्णय हो अच्छे अच्छे॥

अंतिम तथ्य नही कुछ भी
नेति नेति का सत्य यही।
काल चक्र का चलता पहिया
विराम का कोई अर्थ नही॥

विराम से आती कट्टरता
मानव को काहिल करती है।
अपनी ढपली अपना राग
मानवता को घायल करती है॥

दाहिना बांया हाथ मिले
मध्य मार्ग बलशाली।
मध्य मार्ग ही जीवन को
देता अर्थ अनुशासित॥

मत मतान्तर सभी सम्प्रदाय,
नीति सिद्धांत सभी दर्शन।
मानवता के हित में आये
मानवता के ही गीत गाये॥

हर देश काल के अपने अपने
महा पुरुष धरती पर आये।
निज बल बुद्धि से मानव को
जीवन के सुंदर रूप दिखाए॥

सिद्धांत वाद सभी दर्शन
मानव हित के साधन हैं।
निज देश काल में उपयोगी
तुलना की बात निरर्थक है॥

खंड खंड से प्रश्न उभरते
भिन्न भिन्न रूप दिखाते।
काँटों के संग फुल पसरते
नव सुंदर रूप दिखाते॥

विविधता बसती उपवन में
सुन्दरता सजती कण कण में।
माली भेद नही करता
जीवन चलता युग युग से॥

भारत का यह रूप चिरन्तन
ना समझे तो समझा कर।
फेंक दे ऐनक पश्चिम वाला
अरब ईरानी लेनिन वाला॥

कब तक धोखा स्वयं को दोगे
शब्दों से कब तक खेलोगे।
अर्थ तुम्हे जो मिटटी देती
उससे नाता कब जोड़ोगे॥

कोई एक नही सर्व हितकारी
सब में कुछ ना कुछ बाकी।
चुन ले हंसा! मोती मोती
वर्षा धरती पर खुशहाली॥

सत्य पथ

सच्चिदानन्द के पावन पथ पर
बढ़ता राही भटक गया क्यों?
लक्ष्य दूर यह राह कंटीली
भव आकर्षण, उलझ गया क्यों?

नश्वरता की कपट कामिनी
लुभा रही है बुला रही है।
अमृत पथ के पथिक कहो
क्या मनोकामना कुलबुला रही है॥

स्थिरता दृढ़ता से सज्जित
संकल्प कामसिन्धु में कांप उठा।
सुदूर लक्ष्य पर टिकी दृष्टि
फिसल गयी मन नाच उठा॥

हास् रुदन के मोह जाल में
फंसा पथिक दिग भ्रमित हुआ।
सच्चिदानन्द के पावन पथ पर
बढ़ता राही भटक गया॥

क्यों भूल गया निज सत्य स्वरूप
अनित्य अमर निज सास्वत रूप।
काल चक्र में रहता समरूप
स्मरण कर निज अमृत रूप॥

सच्चिदानन्द के पावन पथ पर
अडिग भाव से बढ़ता चल।
दुःख सुख में स्थिर चित्त बन
रह मस्त सदा निज कर्म पथ पर॥

निष्काम पथिक

आफत बिपदा सुख विलास,
नाट्य मंच के दृश्य ललाम।
पात्र भोगता है निष्काम
भोक्ता का अन्तस् राज॥

नाट्य मंच का हास्य रुदन
पात्र जीता है तन मन से।
कौशल नाट्य कला का
अदभुत कर देता अमर उसे॥

पात्र के भीतर का मानव
मंचन गति से निस्पृह।
जीता है निज जीवन निर्भय,
जियो लोकमंच के अमर पथिक॥

देश प्रेम

देश से प्रेम करो
पढो विकास को
जीवित इतिहास को
हथेली पर लिखी
आड़ी तिरछी काली रेखाएं
इबारत है जिन्दगी की
श्रम ने लिखा है
रात दिन जागकर ॥

चेहरे पर रूखापन
काली चमड़ी का उतराव चढ़ाव
देती हड्डियों को परदा
बेवाई से रिसता दर्द
लू और शीत लहरी में पका हुआ
भारत का भाग्य बिधाता
नींव का पत्थर है
दिखाई नहीं देता है ॥

आदर्श का आकाश
अनंत उंचाईयों को
चूमने की कोशिश
श्रम का अपमान
गरीबी गुलामी अशिक्षा
विदेशों से मांगते भिक्षा
क्या कुछ नहीं भोगा
भारत महान का बेटा ॥

गीत

मैं चलूं तुम चलो हम चलें
जिन्दगी के संग संग कारवां चले -----

मृत्यु का भय रोकती है
जिन्दगी को टोकती है
आदर्श से झुके नहीं
यथार्थ से हो दोस्ती
इतिहास को सहेजते
बर्तमान की डगर डगर
भविष्य में चलें ------

आदमी का दुःख दर्द
जिन्दगी बेहाल है
उंच नीच भेद भाव
कैसा समाज है
विज्ञानं से रोशन धरा
क्यों आदमी को मारता आदमी चले ------

अवरोध को उखाड़ते
विरोध को सम्भालते
हारते पछाड़ते अभी चलो
समानता पुकारती
मानवता हो शीर्ष पर
आदमी को आदमी सम्भालता चले-------

समानता का मूल मन्त्र
न्यायकारी तन्त्र हो
तुम्ही तो हो तुम्ही तो हो
जो दुनिया बदल सको
दीनता को छोड़ चल
इंसाफ के डगर डगर हर जवां चले ----

शिखर की बुलंदियां
सिन्धु की गहराइंया
पुकारतीं ललकारती
लक्ष्य का वरण कर
प्रचंड वेग हो
धरा को निहाल कर
कल्याण भाव में चलें----

जीवन

प्रबल भाव जीवन का,
आश जगाये मन में।
लुट जाये सर्वस्व मगर,
अविजित रहता जग में॥

विनम्र होंठो की मुस्कान,
पराजित करती जग को।
किरण आश की आँखों में,
सनातन करती जीवन को॥

पल दो पल दिन दो चार नहीं,
कुछ वर्ष नहीं होता जीवन।
जीवन तो एक अविरल धारा,
बहती है नित अमृत बन॥

यह विजय बन्दिनी वीरों की,
धरती करती नित नव सम्मान।
रक्षा में मिटते मूल्यों की,
जीवन चलता रहता निर्बाध॥

बम बोल!

सावन सजा हुआ बादल से
हरी भरी धरती अगरायी।
बम बोल बम बोल के नारों से
दिशा दिशा शिव से भर आयी॥

कंधे पर कांवर गंगा जल की
सजी धजी दुल्हन सी लगती।
पांव में घुंघरू तन केशरिया
जन समूह शिव शक्ति लगती॥

रंगा हुआ मग केशरिया से
गूंजी दिशाएं शिव भक्ति से।
गंगा से शिव मन्दिर की दुरी
नाप दिया अदभुत भक्ति से॥

पांव में छाले पट्टी बांधे
शिव भक्ती को दिल में साधे।
उमड़ पड़ा एक अदभुत भारत
रंग बिरंगा सुंदर भारत॥

बाल वृध युवा नर नारी
शिव का रंग चढ़ा चटकारी।
भंग तरंग लहर हर हर की
पग पग प्रेम परस्पर भक्तों की॥

सुनने का संयम भी हो!

निज श्रेष्ठता के बिंदु को
तलाश कर विकास कर।
विश्व के रंग मंच पर
निज गौरव का पहिचान कर॥

इच्छाओं का सघन जंगल
विवेक से चुनाव कर।
निज मंगल विश्व मंगल
मर्यादा में काम कर॥

कहने का अधिकार है
सुनने का सयंम भी हो।
निज अधिकारों की रक्षा
दूसरों का मान बर्धन हो॥

उन्मुक्त जीवन की सीमा
जंगल में सीधे जाती है।
सभ्यता घुटनों के बल हो
आदि काल सोच रोती है॥

मर्यादाएं सदियों में बनती
सदियों में बनता सभ्य समाज।
सभ्य समाज मिल रचते है
एक अनूठा राष्ट्र महान्॥

मर्यादा मानव को देती
संग संग जीने का मन्त्र महान्।
अनुशासित जीवन जंगल को दे
उपवन का सुंदर रूप ललाम॥

राष्ट्र नींव

साल सात सौ शासन
विदेशी सहते आये थे।
आपस की फुटों से हम
सब हारते आये थे॥

जयचंदों के कारण
अरि सम्मुख झुकते आये थे।
ऐश आरामों के खातिर
बिकते भी आये थे॥

सहने मिटने झुकने बिकने के
इतिहास पटल पर।
स्वाभिमान हमारा
खड़ा मिला था कदम कदम पर॥

हार हमारी हंसती थी
विजय श्री के शरमाने पर।
टूट कर भी बचते आये
गुलामी के काँटों पर॥

तलवारों की मार अकेले
होती तो कोई बात नहीं थी।
वैभव की चोरी ही होती
तो भी कोई बात नहीं थी॥

खड्ग घाव फिर भर जाते
धन जाता फिर आ जाता।
पर संस्कृति पर ही मार पड़े,
पहचान मरे,राष्ट्र नींव हिल जाता॥

अरब के अंध इस्लाम
खड्ग धार से मर्माहत।
अभी संभल भी ना पाया
भारत का वक्षस्थल॥

तभी वार किया पशचिम ने
लिए तिजारत में शासन।
मैकाले के विष बेल ने
हताहत किया आत्मविश्वास॥

सीमा पार

तुम अजीज हो अपने हो
माटी की महक हो सपने हो।
अपनापन सा लगता है कहने दो
अलगाव तो है एकता को सजने दो॥

एक अक्स हवावों ने चेहरे पर उकेरा है
केशोंका रंग आँखों में काजल फेरा है।
बड़ी दूर से ही लगने लगता है मानों
गंगा कावेरी के पास तुम्हारा डेरा है॥

तुम्हारा डील डौल,चलने का अंदाज
गोरा काला सांवला,तन पर लिबास।
बड़ीबड़ी मिचीमिचीआँखों में एकछाप
सिन्धु ब्रह्मपुत्र बीच है तुम्हारा गांव॥

बाजरे की रोटी सरसों का साग।
मेरे तुम्हारे मुंहसे लार टपकता है॥
भांगरे की थाप पांव थिरकाता है।
थिरकते पांवकब सीमापार?

सौन्दर्य बोध

सौन्दर्य की सीमा कहाँ
सौन्दर्य का उदगम कहाँ?
नयन को बंधक बनाये
सत्य का दर्शन कहाँ?

सत्यम् शिवम् सुन्दरम्
रूप वह अदभुत कहाँ?
जन्मों से जिसको ढूंढता हूँ
मेरी काव्य की प्रेरणा कहाँ?

मन में मेरे नाचती है
रोम रोम सिहरन जगाये।
स्वप्न को संवारती है
दिन में विरहन बनाये॥

सौन्दर्य का टुकड़ा कोई
रोकता है राह में।
चमक उठती है नजर
मिलन को प्यासी चाह में॥

दूर से लगता रहा है
लक्ष्य मुझको मिल गया।
मरीचिका छलती रही
करीब जब भी आ गया॥

सौन्दर्य का भ्रम टूटता है
दर्द दिल में उठता है।
इक निराशा घेरती है
आशा का सूरज डूबता है॥

उठता हूँ फिर झनक कर
ढूंढता हूँ पांव पटक कर।
दर दर पूछता हूं पता
भटक रहा हूँ दर ब दर॥

सोलहों श्रृंगार से सजती हुई
रूपसी का रूप और अंदाज देखा।
बसंत में खिले हुए मुस्कुराते
पुष्प मादक गंध मोहक रूप देखा॥

रसों में सने हुए
काव्य छंद गीत झूमें।
संगीत के माधुर्य में
कौव्वाली गजल-शेर सुने॥

उषा प्रभात की अरुणाई में
हिम शिखर की स्वर्णिम आभा।
झड़ते झरने की निर्मल धारा,
घाटी में गूंजती संगीत की धारा॥

गंगा की स्वर्णिम लहरों में,
सूरज नित ही डूबता उगता।
पावन प्रभात काशी को देता,
स्नेहिल शाम अवध को देता॥

हरी भरी धरती की चादर,
काले मेघ लरजते देखा।
सावन में मदमाता यौवन,
झूले पर कजरी गाते देखा॥

दूर दर्शन पर देश देशांतर,
दृश्य मनोहर रूप मनोहर।
पश्चिम की गति की सुन्दरता,
अदभुत गति भारत में देखा॥

नंगी अधनंगी मेम मनोहर,
कलुष हृदय प्रेम का नाटक।
कुछ पल बंधक बनती आँखे,
चित्त भी रंगता कुछ कुछ पाके॥

चंचल चित्त करता है पागल,
तमस घिरता है फिर आकर।
तपस्वी का तप टूट जाता है,
मन बलात्कारी बनता है॥

विश्व की बिचित्रता में,
सौन्दर्य का अंकन कहाँ?
अनन्त में फैला हुआ इस,
सौन्दर्य की सीमा कहाँ?

क्लांत हो म्लान मुख,
बैठ कर मैं सोचता हूँ।
सौन्दर्य की छलना मुझे,
भटका गयी मैं खोजता हूँ॥

सौन्दर्य का अनन्त रूप,
अतृप्त ही रहा हृदय।
प्रकृति का सौन्दर्य बोध,
समेट नही पाया हृदय॥

व्यथित हृदय में गहन चिन्तन,
अन्तस् में झाँका पहिचाना।
सौन्दर्य का सुंदर बीज हृदय से,
करता रोम रोम उजियारा॥

सौन्दर्य की सीमा यहीं है,
आनन्द से तृप्ति यहीं है।
निज हृदय में सिमटा हुआ,
सौन्दर्य की सृष्टि यहीं है॥

मस्तिष्क का चिन्तन यहीं विराम पाता
चंचल मन को एकाग्र भाव मिलता।
हृदय की सुन्दरता सृष्टि को सुंदर बनाए
सत्यम् शिवम् सुन्दरम् अद्भुत बनाए॥

मुक्तक

सूर्य पाने की ललक
हर बीज छाती में संजोये
भेदता माँ का बदन भी
कुछ कर दिखने के लिए ॥

अंकुर की बंद आँख भी
प्रकाश को तलाशती
दीवानगी का भेद यही
जीवन का अर्थ खोलती ॥

प्रकाश देने की ललक
सूर्य स्वयम में जल रहा
आग माथे पर लगाये
दीप देखो जल रहा ॥

साथ वह बात

सुबह जन्म लेता हूँ
हर रात को मर जाता हूँ।
मर कर भी रातों को
हर पल सुहाने सपने संजोता हूँ॥

जीने के लिए पूरा दिन
अक्सर कम पड़ता है।
कमी पूरी हो जाये
मौत का पल भी चुराता हूँ॥

पल, समय कब जन्मा
कब तक जियेगा नही मालूम।
कब से जीता मरता आया हूँ
सिलसिला कबसे नही मालूम॥

मजे में हंसता हूँ दुःख में रोता हूँ
प्रकृति के साथ उसका हिस्सा हू।
गति शील हूँ शक्ति पुंज हूँ
समय के साथ चेतन पुंज हूँ॥

असख्य चेतन पुंजों में
सब की तरह एक हूँ।
सफर के साथियों में
प्रिय तुम भी एक हो॥

समय के दौड़ में हम एक साथ
संयोग या पूर्व कर्मों की बात।
छोडो ना आओ साथ मिल के
बैठो समझते है यह साथ वह बात॥

उस बात को समझना आसान नही
कठिन भी है तो कोई बात नही।
बाधाएं तो आती है आजमाती है
अगले पल नई राह दिखाती हैं॥

जिज्ञाषा की रौशनी में आगे बढ़ते है
बाधाओं को मारते ठोकर।
आओ साथ साथ
इस साथ का राज समझते हैं॥

साथ का राज खुलने से
मिलन की राह खुलती है।
आसमान मुस्कराता है
जर्रा जर्रा जमीन महकती है॥

असंख्य चेतन पुंज मुस्कराते है
सुबह के जन्मे शाम तक जीते हैं।
रात के सपने भी मृत्यु को त्याग
जीवन में तब्दील हो जाते हैं॥

जिन्दगी जीत जाती है
आदि से अन्त तक।
साथ की समझ आते ही
मृत्यु जिन्दगी बन जाती है॥

चेतन के अनुभव सिखाते हैं
तमसो मा ज्योतिर्गमय का भेद।
जीने की राह दिखाते हैं
जीवन के अर्थ तमस को भेद॥

सुबह का जन्म रात की मौत
पर नाचता इठलाता आगराता है।
समय के वक्षस्थल पर
जीवन का परचम फहराता है॥

अमरता का अहसास
विजय पर्व मनाता हूँ।
धरती से आसमान तक
मिलन की रंगोली बनाता हूँ॥

आओ अपने इस साथ को
अपना अपना अर्थ देते हैं।
जनम मरण से दूर अमर
मधुर मिलन को सजने देते हैं॥

जगद् गुरु

हम आर्य वंस वीर हैं,
सुशील शुर धीर हैं।
हिम शिखर झुकने न देंगे
हरियाली सूखने न देंगे॥

तिरंगी आभा भर देंगे
नील गगन को रंग देंगे।
ज्ञान का प्रकाश पाकर
पुनःजगद गुरु कहलायेंगे॥

शब्द

शब्दों का श्रृंगार
विलास मानव का बनता।
अर्थों का श्रृंगार
विकास मानव का करता॥

शब्दों का नंगापन
कितना कड़ुआ लगता।
रोम रोम झकझोर
हिंसा तांडव करता॥

आकर्षण शब्दों में कितना
आकर्षण अर्थों में कितना।
संवेदना झंकार करती
कवि कविता रचता है॥

घटनाओं के घट में पलते
ओजस्वी द्रष्टा के स्वर मिलते।
शब्दों का आकर्षण
अजब श्रृंगार करता॥

ज्वालायें फूटने लगतीं
सरिताएं बहने लगती।
क्रांति का संचार होकर
शांति का प्रवाह बनती॥

शब्दों का श्रृंगार
मानव सभ्य बनता।
शब्दों का नंगापन
मानव दानव बनता॥

शब्दों की शक्ति असीम
अर्थों को परिभाषित कर।
लक्ष्यों का संधान नवनीत
ब्रह्म का पर्याय बनता॥

नदी

वो नदी न बन सके
सिन्धु मिलन कर सके
तटों को तराशती
तोड़ती फुंफकारती
सींचती धरा धरा
दशों दिशा हरा भरा
चल पड़े जहाँ जहाँ
जिन्दगी वहाँ वहाँ

सूर्य
सूर्य का सफर
कर्क से मकर तक।
भूमध्य के इधर उधर
चल रहा कर्म बद्ध॥

सूर्य जब चला मकर
भूमध्य को पार कर।
ताप गिरने लगा
ठंड का कहर टुटा॥

बादल जमीन चुमते
धुंद बन ऊतर पड़े।
श्वेत चादर सब तरफ
सूर्य को तरस गये॥

मत जाओ!

मत जाओ लौट आओ
वहाँ मृगमरीचिका है।
दूर क्षितिज पर जो
कुछ चमचमा रहा है॥

धावत मृग प्यासा
भ्रमित युग युग से है।
ठगा,शून्य आंखो में समेटे
शून्य में गिरता रहा है॥

नहीं रूकता, भटक रहा मन
घट घट घूमता रहा है।
पूछता दर दर व्यथित आंखो से
सपाट विकल्प हीनता है॥

किसी ने कहा, मत हारो
अंतस व्योम में झांको।
कुछ दिखे ना दिखे,प्रयत्न कर
वहीं सुंदर साध्य अद्भुत है॥

संदेश

देशकाल के संग संग
प्रश्न आते नये नये
लायक पीढ़ी है वही
जो रचना करती सही सही ॥

मुड़ कर पीछे जब तब देखो
आगे का कुछ ध्यान करो।
निज पौरुष को पहिचानो
पुरखों का भी मान करो ॥

गीत

दिशा दिशा में गूंज रही है,
भारत की परिपाटी
महान शहीदों, विद्वानों, की
माता है यह माटी ॥
जय माँ भारती जय माँ भारती----

हिन्दू मुस्लिम सिक्ख ईसाई,
ये ऊपर की बातें
भिन्न भिन्न भूषा वेश देश की
ये फैशन की बातें
अंदर एक धडकता दिल है,
गाता कबिरा ज्ञानी
जय माँ भारती जय माँ भारती----

जाति जाति से बनता भारत,
सब में सब हैं शामिल
जब भी देश को पड़ी जरूरत,
मिटने को सब हाजिर
अशफाक भगत आजाद सुभाष, अदभूत हैं बलिदानी
जय माँ भारती जय माँ भारती---

काला गोरा लम्बा नाटा,
पतला मोटा काठी
हुलिया दुनिया देख के बोले
देखो भारत वासी
दुनिया में पहिचान है अपनी, अध्यात्म की बानी
जय माँ भारती जय माँ भारती---

विश्व पटल पर जहाँ कहीं भी,
रहते हैं चमकते
जिस धरती ने पाला पोषा,
उनके गुण हम गाते
अपने रीत रिवाजों की,
मूल्यों की गाड़ी लाठी
जय माँ भारती जय माँ भारती----

ब्रम्ह

अनवरत जो बढ रहा है
वही ब्रम्ह है वही ब्रम्ह है।
मैं ब्रम्ह हूँ तू भी ब्रम्ह है
सभी ब्रम्ह हैं विश्व ब्रम्ह है॥

कण कण में जो व्याप रहा है
तृण तृण में जो जाग रहा है।
हर जीव में लेता अंगरायी
स्व का ही विस्तार ब्रम्ह है॥

जो जड़ चेतन में नाच रहा है
एक सूत्र सा सब में समाया।
गतिशील वह फड़क रहा है
अणु और परमाणु ब्रम्ह है॥

द्वंद में एक सिलसिला है
ब्रम्हांड चालित हो रहा है।
भेद सृष्टिमय द्वंद ही है
यही विविधता का मर्म है॥

अद्वैत से वह द्वैत होता
द्वैत में अद्वैत अद्भुत सिक्त है।
संकल्पहीन कण कण समाया
लीला रत है वही ब्रम्ह है॥

कण कण में ईश आवास है
त्याग मय भोग ही आनंद मय।
अभ्युदय निःश्रेयस में संतुलन
वही जीवन सफल है वही ब्रम्ह है॥

विजय गाथा

विजयदशमी विजय गाथा
पुरुषोत्तम श्रीराम की
वनवासी गिरिवासियों की
साधूओं की दुर्बलों की॥

धर्म की भी सत्य की भी
संस्कृति सनातन की भी
भारत राष्ट्र महान् की
क्षात्र धर्म शस्त्र शक्ति की॥

शास्त्र और विधान की
प्रेम की जो राम ने की
कालजयी चरित्र की
वचन पालन त्याग की॥

सियाराम की साकेत की
भारत की है गौरव गाथा
जन जन के विश्वास की
जय हो जय हो जय सदा हो॥
जय श्रीराम!

भजन

मेरे राम ---
तू कहाँ हे राम मेरे राम
घनश्याम तू कहाँ मेरे राम
कण कण बासी
घट घट वासी
सबके स्वामी सबके पालनहार
मेरे राम---
जड़ में तू चेतन में तू
परमानन्द एकधाम
सच्चिदानन्द परिभाषित करता
भरा पूरा संसार
मेरे राम---
एक बार बस एक बार
तू धरम बचा भगवान
पश्चिम की आंधी घायल करती
टीसते मेरे घाव
मेरे राम---
म्लेच्छ बने आदर्श यहाँ
राम बने विवाद
तेरी गंगा मैली हो गयी
कहाँ छुपा भगवान
मेरे राम---
धरती माता विलख रही है
देखे तेरी राह
एक बार फिर चमका दे
भारत माँ की शान
मेरे राम---

दीपावली

ऐ अमावस रात तेरी
कालिमा रहने न देंगे।
दीप हम जलायेंगे
दिवाली हम मनाएंगे ---

प्रभु राम घर घर आते हैं
मां सीता को संग लाते हैं
जन जन उत्सव करते हैं
मनभावन सब लगते हैं
तमसो मा ज्योतिर्गमय का
अमर मंत्र सब गायेंगे ऐ अमावस--

प्रतिवर्ष दशानन जलता है
मानव को प्रेरित करता है
अधर्म पराजित होता है
अभिमान पराजित होता है
सत्य मेव जयते का
अमर मंत्र सब गायेंगे ऐ अमावस---

जन जन में हो राम के दर्शन
नारी नारी में सीता हों
स्वास्थ्य समृद्धि ममता हो
वसुधैवकुटुंम्बकम् नाता हो
धर्म ध्वजा फहरायेंगे
रामराज्य हम लायेंगे ऐ अमावस

स्व-श्रृंगार

मन का श्रृंगार करूं तप बल से
मन सहज सरल प्रफुल्लित हो।
राग द्वेष से मन रहित सजग हो
करूणा प्रेम से सज्जित सदा हो॥

हृदय विशाल ब्रम्हांड समाये
प्राणी प्राणी अपना सा भाये।
सब मेरे हैं मैं सबका हूं
ऐसा हृदय सम्राज्य बसाए॥

मधुर वचन हो कर्तब्य निष्काम
विनम्र भाव सदा उन्नत हो भाल।
निग्रहित मन जन जन सेवारत हो
कण कण में हरि का दर्शन हो॥

दृढ़ संकल्पित स्वाभिमानी हो
कथनी करनी सम ध्यानी हो।
चरित्र धनी माया त्यागी हो
निर्बल मीत सत्य हित बलि हो॥

स्व-श्रृंगार मानस विस्तार कर
स्व में शामिल राष्ट्रनिर्माण कर।
जन जन में गौरव श्रृंगार कर
समृद्धि सजे जन कल्याण कर॥

स्व-श्रृंगार जग विद्या प्रकाश है
सत्य मेवजयते अटूट विश्वास है।
भारत भाव बसे हृदय हृदय में
विश्व गुरू गरिमा आधान कर॥

जाति द्वंद शून्य जन समता हो
एकात्म भाव जन जन में एक।
सबएक सबअपने का बोध हो
स्व विस्तार जन जग में लय हो॥

स्व-श्रृंगार राष्ट्र श्रृंगार बने
स्व-श्रृंगार विश्व श्रृंगार बने।
स्व-श्रृंगार जन श्रृंगार बने
भव्य-भारत की शान बने॥

बटोही

ऐ बटोही रख न एक आदर्श जग में।
चल आर्यों को संग ले बन्धुत्व मग में।
बता दे भाई भारत माता सबकी माई।
जय सदा हो संपूर्ण सजग भारतवासी॥

www.ingramcontent.com/pod-product-compliance
Lightning Source LLC
LaVergne TN
LVHW100814051026
849519LV00006B/2078